AF366573

111

primati e curiosità della Sardegna

a cura di
Andrea Garau

NOR

In cobertina: cuncòrdiu gràficu de fotografias postas a intro de su volùmene.

Gràfica di cobertina e impaginatzione a incuru de Daniele Lara.
Contivìgiu de su testu de Chiara Livretti.

Colletzione "CONTADOS"
Editzione PoD

Andrea Garau (a incuru de)
111 primati e curiosità della Sardegna
ISBN **978-88-3309-138-9**

Copyright © 2023 NOR: totu sos diritos sunt riservados
Editziones NOR, carrera Lombardia 11, I-09074 Ilartzi (Aristanis), Sardigna

Indice

STORIA

NATURA E SCIENZE

LINGUA E LETTERATURA

STORIA

1. In Sardegna la prima sconfitta di Napoleone

Il primo episodio bellico che vide protagonista il genio militare di Napoleone Bonaparte si svolse il 22 febbraio 1793 sulle coste settentrionali della Sardegna. L'obiettivo delle truppe francesi era l'occupazione dell'Isola al fine di renderla una base strategica sicura da cui minacciare gli Stati della penisola italica. La spedizione era composta da 450 soldati corsi, imbarcati su 16 navi, guidate dalla corvetta *Fauvette*, sulla quale viaggiava un appena ventiquattrenne Napoleone, capitano d'artiglieria nel reggimento *La Fère* (in quell'occasione tenente colonnello della Guardia Nazionale corsa), a cui era affidato il comando dell'artiglieria. La spedizione sarebbe dovuta partire, in origine, quattro giorni prima, ma venti contrari avevano reso impraticabile il burrascoso tratto di mare che separava le coste corse da quelle sarde. L'isola della Maddalena era in quel momento sotto il comando del capitano Giuseppe Maria Riccio, il quale, allarmato da voci circolanti tra i pescatori circa un imminente sbarco francese, nelle settimane precedenti si era occupato di rafforzare le principali roccaforti della difesa, i forti *Balbiano* e *Sant'Andrea*, incrementando le truppe al suo servizio attraverso l'arruolamento di numerosi pastori della Gallura, e preoccupandosi di evacuare dalla zona le donne e i bambini. Attorno alle 9:00 del mattino il convoglio francese giunse nei pressi dell'obiettivo. Il primo tentativo di sbarco fu subito frustrato dalla tenace resistenza di un gruppo armato guidato dal nostromo Domenico Millelire. Seguì un lungo e logorante scontro a fuoco tra la corvetta di

Napoleone e il forte Santo Stefano, che proteggeva l'omonima isola posta dirimpetto a La Maddalena. Il giorno successivo (23 febbraio), occupato quest'ultimo baluardo a seguito di una missione di infiltrazione notturna, Napoleone vi dispose le sue artiglierie e iniziò un fitto bombardamento su La Maddalena. A capovolgere la situazione, ormai disastrosa per le truppe sarde, giunse l'intervento intrepido ed eroico dello stesso Domenico Millelire, il quale, con una spedizione notturna a bordo di una lancia, spostò l'artiglieria su Punta Nera, portando lo sgomento distruttivo della batteria sulla *Fauvette*. Nel momento in cui quest'ultima cercò di fuggire dal bombardamento, il Millelire spostò celermente le artiglierie su Capo d'Orso, continuando a tenere sotto tiro le navi nemiche. Il morale dei francesi precipitò, scatenando un incontrollabile ammutinamento. Napoleone fu costretto dai ribelli della sua fazione a ritirarsi, e per non essere abbandonato sull'isola dovette lasciare qui i suoi cannoni, che ancora oggi fanno mostra di sé presso il Museo di Artiglieria di Torino. La fallimentare invasione francese della Sardegna si concluse il 25 febbraio 1793 con la ritirata della flotta franco-corsa, inseguita spavaldamente nella sua fuga da Domenico Millelire fin quasi alle coste corse.

Insomma, nella proverbiale immagine di un rapporto sfortunato e insanabile tra Napoleone e le isole – al di là della sua terra natale, la Corsica –, bisognerà aggiungere a quelli d'Elba e di Sant'Elena un terzo emblema di sconfitta: la Sardegna.

Carlino S. (a cura di), *1793-1993, dalla rivoluzione all'integrazione. Studi, ricerche, immagini della spedizione francese in Sardegna nel 1793*, Graf & Graf, Selargius, 1993.

Chandler D.G., *Le campagne di Napoleone*, Rizzoli, Milano, 1992.

Criscuolo V., *Il giovane Napoleone*, Giunti, Firenze, 1996.

Ruggiero M., *Napoleone il giovane. La presa del potere (1769-1799)*, Alzani Editore, Pinerolo, 2001.

2. Cagliari e Buenos Aires:

Un legame secolare nel nome della fede

La città di Buenos Aires, attuale capitale dell'Argentina, venne fondata una prima volta dal conquistador Pedro de Mendoza nel 1536. Distrutta nel 1541, venne successivamente rifondata con il nome di *Ciudad de la Santísima Trinidad en el Puerto de Santa María del Buen Aire* nel 1580 da Juan de Garay.

Il nome della città è legato al culto diffuso tra i marinai dell'equipaggio del De Garay verso la Madonna del *Buen Aire* o *de los Buenos Aires*, ovvero la *Madonna di Bonaria* venerata a Cagliari. Nella capitale argentina fu poi eretta dai Mercedari agli inizi del XX secolo una basilica dedicata proprio a *Nuestra Señora de los Buenos Aires*, i cui festeggiamenti avvengono il 24 aprile, come nel capoluogo sardo.

Nel 1968, alla luce di questi eventi, venne stretto un gemellaggio tra le due città, successivamente rinnovato nel 2001 e rafforzato nel 2013 grazie all'elezione al soglio pontificio di Papa Francesco, al secolo Jorge Mario Bergoglio, che fece tappa nell'isola il 22 settembre 2013, celebrando le funzioni religiose proprio nel Santuario di Nostra Signora di Bonaria.

«[…] perché fra la città di Buenos Aires e Cagliari c'è una fratellanza per una storia antica. Proprio nel momento della fondazione della città di Buenos Aires, il suo fondatore voleva nominarla 'Città della Santissima Trinità' ma i marinai che lo avevano portato laggiù erano sardi e loro volevano che si chiamasse 'Città della Madonna di Bonaria'. Vi fu una disputa fra di essi e alla fine hanno trovato un compromesso, così che il nome della Città risultò lungo: 'Città della Santissima Trinità e Porto di Nostra Signora di Bonaria'. Ma essendo tanto lungo, sono rimaste le due ultime parole: Bonaria, Buenos Aires, in ricordo della vostra icona della Madonna di Bonaria.»

(Papa Francesco, in occasione dell'Udienza Generale del 15 maggio 2013, nel corso della quale annunciò la sua futura, imminente visita in Sardegna)

GROUSSAC P., *La segunda fundación de Buenos Ayres. Juan de Garay*, Buenos Aires, 1915.

GROUSSAC P., *Mendoza y Garay; las dos fundaciones de Buenos Ayres*, Buenos Aires, 1916.

3. CEFALOSPORINA: NELLE ACQUE DEL PORTO DI CAGLIARI L'ORIGINE DEGLI ANTIBIOTICI

Nel corso della Seconda guerra mondiale, così come nei difficili anni del dopoguerra, l'Italia era martoriata da epidemie di tifo, paratifo e salmonellosi, patologie causate da batteri appartenenti alla famiglia delle *enterobacteriaceae* (quali, ad esempio, *salmonella typhi, s. paratyphi, s. typhimurium, shigella, escherichia coli*, etc.), che si diffondevano in maniera ripetuta e frequente, in particolar modo nelle città densamente popolate, in cui le strutture fognarie risultavano inesistenti o ampiamente sottodimensionate.

Giuseppe Brotzu, studioso igienista sardo, insieme al suo collaboratore Antonio Spanedda, osservò come nella città di Cagliari – che ospitava all'epoca più di 100.000 abitanti – pur alla luce di un impianto fognario estremamente inefficiente (lo scarico confluiva nelle acque del porto, dove era comunque pratica diffusa fare il bagno nei mesi estivi) non fosse stata riscontrata alcuna epidemia.

Durante il 1945 i due studiosi condussero le loro ricerche e analisi di laboratorio sulle acque del porto sardo, giungendo a notare la presenza di un microorganismo in grado di inibire la crescita di buona parte dei batteri che si cercava di coltivare, compresi quelli patogeni. Tale microorganismo (il quale formava delle colonie color ocra con tonalità di rosa) si rivelò un micete, riconosciuto allora come *cephalosporium*, e attualmente denominato *acremonium*.

Brotzu e Spanedda iniziarono dunque a lavorare ai fini dell'identificazione del prodotto responsabile di quest'attività, riuscendo infine a isolare una sostanza che venne chiamata *Micetina Brotzu*. I due ricercatori la testarono con esito positivo prima su loro stessi, e successivamente sui loro pazienti, al fine di validarne l'affidabilità e l'attività antibatterica.

Miope davanti alla grandiosa scoperta, lo Stato Italiano non finanziò in alcun modo la prosecuzione delle ricerche, costringendo i due ricercatori a cercare appoggio presso laboratori e studiosi fuori dai confini nazionali. Nel 1964, dopo anni di lunghe e fruttuose ricerche, si giunse alla produzione e alla vendita del primo antibiotico a uso commerciale della classe delle cefalosporine: il *Cefatolin*, prodotto della *Eli Lilly and Company*.

Fu necessario attendere fino al 1971 perché a Giuseppe Brotzu venissero riconosciuti i meriti per l'importante scoperta, corroborati pubblicamente dal conferimento della laurea ad honorem in Scienza da parte dell'Università di Oxford. I suoi studi pionieristici aprirono la via alla scoperta di un'intera classe di antibiotici β-lattamici, attivi su un'ampia gamma di batteri. Oggi esistono cinque generazioni di cefalosporine, che presentano diversi spettri di azione e livelli crescenti di resistenza alla degradazione da parte delle β-lattamasi, e che sono attualmente impiegate con successo nelle terapie antibiotiche.

ABRAHAM E.P., "The Cephalosporin C Group", in *Quarterly Reviews*, n. 21, 1967, London publishing house John Murray, Londra.

ANNUNZIATO L., DI RENZO G., *Trattato di farmacologia*, Idelson-Gnocchi, Napoli, 2016 (seconda edizione).

BO G., "Brotzu, Giuseppe", in *Dizionario Biografico degli Italiani*, vol. XXXIV, 1987, Istituto della Enciclopedia Italiana, Roma.

BO G., "Un ricordo del prof. Giuseppe Brotzu", in *Ann. Ig.*, 11, 1. pp. 3-9, gennaio-febbraio 1999. Bo G., "Giuseppe Brotzu and the discovery of cephalosporins", in *Clin Microbiol Infect*, 6.3, pp. 6-9, 2000.

DEL PIANO L. (a cura di), *Per Giuseppe Brotzu*, Edizioni Della Torre, Cagliari, 1998.

PARACCHINI R., *Il signore delle cefalosporine: storia di una scoperta*, Demos, Cagliari, 1992.

4. ALLA SCOPERTA DEL CORPO UMANO

Per quanto gli aspetti fondamentali su cui concentrarsi siano l'immenso valore medico e scientifico e l'impeccabile realizzazione, che fonde i concetti di tecnica e arte, è indubbio che l'esposizione conservata presso il *Museo delle cere anatomiche Clemente Susini* di Cagliari richieda stomaci forti per essere scoperta nella sua interezza.

Come si evince dal nome stesso dell'ente museale, sono qui conservati, infatti, i 23 modelli anatomici in cera realizzati tra il 1803 e il 1805 dal celebre ceroplasta fiorentino Clemente Susini, riproducenti le diverse parti del corpo maschile e femminile, e modellati sulla base delle dissezioni su cadaveri praticate dal rinomato prof. Francesco Antonio Boi (Olzai, 1767 – Cagliari, 1855), all'epoca docente di Anatomia Umana dell'Università di Cagliari.

Quest'ultimo, nel 1801, ottenne dal viceré di Sardegna Carlo Felice di Savoia il permesso di intraprendere un viaggio di studio tra le principali Facoltà di Medicina italiane, con l'intento di affinare le sue conoscenze. Nel corso dei suoi spostamenti, fu a Firenze che ebbe modo di frequentare il Gabinetto Anatomico dell'Arcispedale di Santa Maria Nuova, diretto al tempo dal professor Paolo Mascagni, illustre anatomista. Fu in questo periodo fiorentino che nacquero le famose cere anatomiche, che l'artista Clemente Susini modellò nel laboratorio di ceroplastica del Museo della Specola, seguendo pedissequamente e con incredibile precisione le capillari dissezioni del prof. Boi.

Nel 1805 fu lo stesso viceré suddetto ad acquistare le cere per il suo Museo di Antichità e Storia Naturale, ospitato nel Palazzo Reale di Cagliari. Entrate successivamente in possesso dell'Università, le cere affrontarono nel tempo numerosi spostamenti, fino a essere ospitate oggi nella Sala pentagonale della Cittadella dei Musei, in piazza Arsenale.

La collezione, famosa in tutto il mondo, è l'unica tra quelle prodotte al Museo di La Specola in cui tutti i modelli sono datati e firmati dal grande ceroplasta Clemente Susini. Alcuni dei modelli di questa collezione sono stati oggetto di esposizioni in importanti musei internazionali, quali il *National Science Museum* di Tokyo, *La Villette* di Parigi, la *Hayward Gallery-Royal Festival Hall* di Londra, la *Triennale* di Milano e la *Libreria Marciana* di Venezia.

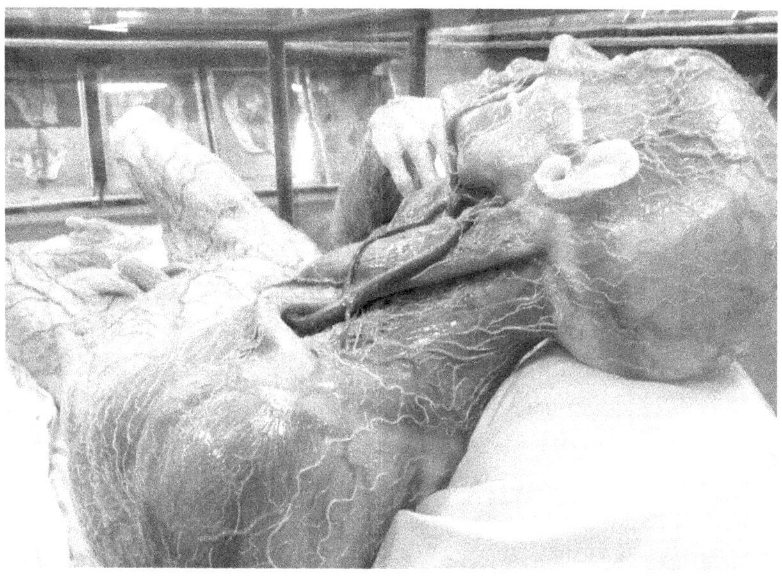

"Clemente Susini", *Wikipedia*. Link di riferimento: https://
it.wikipedia.org/wiki/Clemente_Susini.
"Francesco Antonio Boi", *Wikipedia*. Link di riferimento: https://
it.wikipedia.org/wiki/Francesco_Antonio_Boi.
"La collezione delle Cere Anatomiche di Clemente Susini all'U-
niversità di Cagliari", *Facoltà di Medicina e Chirurgia, Università di Cagliari*. Link di riferimento: http://pacs.unica.it/
cere/?page_id=91.
"Museo delle cere anatomiche Clemente Susini", *Wikipedia*. Link di riferimento: https://it.wikipedia.org/wiki/
Museo_delle_cere_anatomiche_Clemente_Susini.

5. Dalla Sardegna al soglio pontificio:
i papi Ilario e Simmaco

Nella millenaria Storia della Chiesa, fino a oggi si sono alternati
sul soglio pontificio 266 papi: 213 italiani, quindici francesi, otto
greci, sette dall'area tedesca, tre dalla Spagna, uno da Portogallo,
Dalmazia, Inghilterra, Paesi Bassi, Polonia e Tracia – per quanto
riguarda il continente europeo –, più due di cui il luogo di provenienza è incerto. Tre pontefici, inoltre, sono stati africani, cinque

sono arrivati dalla Siria e tre dalla Terra Santa. Quello attualmente in carica, papa Francesco, è argentino.

Pochi però sanno o ricordano che ben due di questi pontefici fossero originari della Sardegna.

Il primo fu papa Ilario, eletto il 17 novembre 461 e insediatosi due giorni dopo. Fu il 46° papa della storia della Chiesa: rimase in carica per circa sei anni, fino al 29 febbraio del 468, data della sua morte.

Circa trent'anni dopo, un nuovo papa giunse dalla Sardegna: fu papa Simmaco, 51° pontefice della storia della Chiesa. Eletto il 22 novembre 498, rimase in carica per circa sedici anni, fino al 19 luglio del 514, data della sua morte.

Sardegna *Urbi et Orbi*.

"Papa Ilario", *Wikipedia*. Link di riferimento: https://it.wikipedia. org/wiki/Papa_Ilario.

"Papa Simmaco", *Wikipedia*. Link di riferimento: https:// it.wikipedia.org/wiki/Papa_Simmaco.

"Quanti Papi ci sono stati? E da dove venivano?", *sanfrancesco-patronoditalia.it*. Link di riferimento: http://www.sanfran-cescopatronoditalia.it/notizie/attualita/curiosit%C3%A0-quanti-papi-ci-sono-stati-e-da-dove-venivano--22234#. XFK0QFxKiUm.

6. LE ORIGINI SARDE DI CRISTOFORO COLOMBO:
UNA NUOVA AVVINCENTE PROSPETTIVA

Innumerevoli ipotesi contrastanti sono state formulate dalla ricerca internazionale riguardo all'identità del celebre navigatore Cristoforo Colombo. Le sue origini sono state ricondotte a zone dell'Europa differenti e distanti tra loro: dalla città di Genova, alla Catalogna, al Portogallo, alla Polonia.

All'interno di questo vasto panorama, una nuova interessante prospettiva è stata però offerta dalla ricercatrice Marisa Azuara: mentre i più noti pretendenti – i genovesi e i catalani – continuano a scontrarsi per appropriarsi della figura dello *scopritore* del Nuovo Mondo, l'Azuara prende in considerazione l'unico territorio che era stato loro comune: la Sardegna.

I cronisti contemporanei dello scopritore, tanto in Portogallo quanto in Castiglia, lo definivano concordemente *genovese*. Lo stesso scopritore si espresse in termini simili quando nel suo maggiorasco fece constare che, essendo nativo di Genova, si era recato in Castiglia per servire i Re Cattolici. Ma quali territori erano compresi nell'orbita genovese in quell'epoca? A metà del XV secolo essa comprendeva i territori continentali del Comune o Città di Genova e i feudi imperiali liguri. Possedeva, inoltre, le colonie del Levante Mediterraneo, la Mahona o Protettorato di Corsica e i territori della Sardegna che la Corona d'Aragona non era riuscita a conquistare: un territorio, dunque, vasto e spezzettato!

Tuttavia, Hernando Colón, scrittore e geografo spagnolo, figlio di Cristoforo, con la sua *Storia dell'Ammiraglio Don Cristoforo Colombo* aiuta a circoscrivere le terre di origine di quest'ultimo, laddove in un passo riporta come la patria del padre del navigatore fosse *Janua*. Tale termine non rappresenterebbe tuttavia un arcaismo latino per denominare *Genova*, ma si riferirebbe a una circoscrizione geografica ben determinata: era infatti il nome della marca che spettò al conte Oberto allorché l'imperatore Ottone I divise la marca d'Ivrea. Oltre ai territori continentali, ossia la *Marca Januensis*, Genova possedeva inoltre dei feudi nelle isole di Corsica e Sardegna, conquistati da Ugo della Colonna del Mare, antenato di Oberto I. Dalla dichiarazione indirizzata all'Ordine di Calatrava dal segretario di Cristoforo Colombo, Diego Méndez, si evince con maggiore precisione come il navigatore fosse nato nella *Saona*, informazione che giunge da diverse altre fonti dell'epoca. La Saona era il protettorato concesso dal papato di Roma – sotto Gregorio I – alla Chiesa Longobarda di Pisa, che comprendeva le diocesi di Saona, di Ajaccio, di Mariana e l'intera isola di Sardegna. Seguendo il percorso proposto, dunque, sarebbero da scartare la Mahona di Genova e i territori genovesi del continente, circoscrivendo l'origine di Cristoforo Colombo nei possedimenti della Saona sardo-corsa.

Se ancora non si è del tutto convinti, non c'è da stupirsi: questo è infatti solo il primo passo dell'indagine proposta dalla ricercatrice spagnola, che conduce – sostenuta da preziose fonti di eterogenea natura – su una rotta nuova e mai esplorata, invitando il lettore alla *scoperta* dello *scopritore*. Chi vorrà seguirla in questa stimolante ricerca, potrà imbarcarsi in ogni momento presso il porto noto delle migliori avventure: la propria libreria di fiducia.

Azuara M., *Chi era Cristoforo Colombo? Argomentazioni sull'identità sardo-genovese dello scopritore del Nuovo Mondo*, Condaghes, Cagliari, 2018.

7. *L'Unione Sarda* tra i pionieri
del giornalismo online

Negli ultimi decenni lo sviluppo esponenziale delle tecnologie ha profondamente cambiato il nostro modo di vivere la quotidianità. Uno degli aspetti più evidenti, nelle strade di tutto il mondo, è stata la graduale diminuzione, fin quasi alla sparizione, dei quotidiani cartacei. Oggi, infatti, basta un semplice *click* per accedere alle versioni digitali delle testate di tutto il mondo, comodamente dal proprio smartphone.

In pochi ricordano oggi che il primo quotidiano al mondo a essersi dotato di un sito internet fu il *Washington Post*, e ancora meno sono coloro che sanno che, a livello planetario, fu *L'Unione Sarda* a intraprendere subito dopo, in seconda posizione, questa strada. L'*internet service provider* (ossia il fornitore di servizi Internet) che lo mise online era Video On Line. Fondato a Cagliari nel 1994, era il più importante internet provider per quel periodo, nonché il terzo al mondo per dimensioni.

Restringendo lo sguardo sulla realtà italiana, la Sardegna detiene dunque questo primato: il sito del quotidiano isolano, attivo dal 31 luglio 1994, è stato protagonista di un cambiamento epocale destinato a cambiare, nel bene e nel male, la Storia dell'Editoria.

Corda A., "1994-1996: un biennio cruciale nella storia di Internet e del giornalismo on-line", *Storia e Futuro. Rivista di storia e storiografia online,* n. 48, dicembre 2018. Link di riferimento: http://storiaefuturo.eu/1994-1996-un-biennio-cruciale-nella-storia-di-internet-e-del-giornalismo-on-line/.

Luna R., "Next, quando vent'anni fa a Cagliari si 'inventarono' il web", *repubblica.it*, 6 luglio 2014. Link di riferimento: http://luna.blogautore.repubblica.it/2014/07/06/next-quando-ventanni-fa-a-cagliari-si-inventarono-il-web/.

"L'Unione Sarda", *Wikipedia*. Link di riferimento: https://it.wikipedia.org/wiki/L%27Unione_sarda.

8. Lunga vita alla *Carta de Logu!*

Il giorno di Pasqua del 1392 (14 aprile) la giudicessa Eleonora de Bas Serra emanava per i territori del Giudicato d'Arborea la *Carta de Logu*. Il celebre codice giuridico, capillarmente elaborato anni prima dallo *judike* Mariano IV e successivamente ampliato dai suoi figli, Ugone III ed Eleonora, appunto, spaziava dall'ambito legislativo civile e penale a sezioni dedicate all'amministrazione rurale, fornendo le complesse, dettagliate e funzionali basi della vita all'interno del Giudicato, e più tardi di tutta l'Isola: nel 1421, infatti, Alfonso il Magnanimo estese la giurisdizione in cui era applicata a tutta la Sardegna.

Fu un'opera di grande avanguardia, con norme che spaziavano dalla tutela della donna alla definizione della sua posizione, dal problema dell'usura, all'esigenza di certezza nei rapporti sociali.

Elaborata ed emanata in lingua volgare sarda, nella variante arborense, segnò una tappa fondamentale per i principi di conoscibilità della norma, fornendo la possibilità a tutti i cittadini di conoscere con certezza di diritto le norme e le relative conseguenze.

La solidità di questo monumento legislativo permise al codice di rimanere in vigore fino all'aprile del 1827, quando venne ufficialmente sostituito dal *Codice di Carlo Felice*. Un percorso lungo ben 435 anni: un primato di cui i sardi possono ben andare orgogliosi.

Ma il cammino di questo codice non si è interrotto certo in quella data: tutt'oggi, infatti, non cessa di essere un prezioso strumento di studio, tanto legislativo, quanto storico e linguistico.

Lunga vita alla Carta de Logu!

Besta E., *Il diritto sardo nel Medioevo*, Löscher, Torino, 1899.

Birocchi I., Mattone A. (a cura di), *La Carta de logu d'Arborea nella storia del diritto medievale e moderno*, GLF Editori Laterza, Roma-Bari, 2004.

Boscolo A., *I Parlamenti di Alfonso il Magnanimo*, Giuffré, Milano, 1953.

Carta Raspi R., *Mariano IV d'Arborea*, S'Alvure, Oristano 2001.

Casula F.C., *La Carta de Logu del Regno d'Arborea*, C. N. R., Cagliari 1994.

Lupinu G. (a cura di), *Carta de Logu dell'Arborea. Nuova edizione critica secondo il manoscritto di Cagliari* (BUC 211), con traduzione italiana, ISTAR-Centro di Studi Filologici Sardi, Oristano, 2010.

Solmi A., *Studi Storici sulle Istituzioni della Sardegna nel Medio Evo*, Cagliari, 1917.

9. Quando un errore di traduzione condusse 179 persone al martirio

Chiunque si trovi a passeggiare tra le vie del quartiere Castello di Cagliari non potrà esimersi in nessun modo dal visitare la Cattedrale di Santa Maria Assunta e di Santa Cecilia, e in particolar modo la sua cripta, dove potrà ammirare attonito le meraviglie artistiche del celebre Santuario dei Martiri, così indicato poiché al suo interno sono collocate ben 179 nicchie, contenenti le presunte reliquie di martiri cagliaritani – una cifra davvero notevole e impressionante per un solo luogo di culto! Ma la peculiarità del sito risiede in alcune sfumature della sua storia, sulla quale sarà interessante soffermarsi.

Il santuario, inaugurato nel 1618, fu realizzato per volontà di Mons. Esquivel, arcivescovo di Cagliari dal 1605 al 1624. Alle origini della sua scelta, da un lato, il desiderio di ritrovare e riportare alla luce i martiri sardi immolati per la loro fede in modo da rendere loro tributo, dall'altro – e con malizia non secondariamente – la volontà di prevalere sulla diocesi di Sassari, il cui arcivescovo poteva vantare la presenza dei santi Gavino, Proto e Gianuario, potendosi considerare per questo il primate della Chiesa Sarda.

Francisco d'Esquivel, dunque, si rimboccò le maniche, avviando una vasta ricerca delle sepolture dei santi cagliaritani. Alla luce degli sforzi profusi, i risultati furono quelli sperati, e vennero individuate le sepolture dei santi Saturnino, Cesello, Camerino, Lussorio e di San Lucifero, oltre a quelle di decine e decine di presunti martiri, sulle cui lapidi svettava incisa la sigla *B. M.*, interpretata come *beatus martyr*. Un incredibile successo? Su questo punto – ahimè! – occorre soffermarsi.

Riportando una nota, tanto incisiva quanto esplicativa, tratta dal volume XII (edito nel 1846) della *Storia Universale* scritta da Cesare Cantù, scopriamo come:

«Oltre l'ignoranza del volgo, nocque in ciò quella dei letterati, fondando talora la santità d'un cadavere sulla mala interpretazione d'un epitafio. Nel 1600 alcuni spagnoli vollero recar fama al loro paese col dargli molti santi, e un tal Dioniso Bonfante, in un libro spagnolo stampato a Cagliari il 1635, pubblicò gran numero d'iscrizioni che pretendea di martiri e santi, perché la sigla *B. M.*, cioè *bonae memoriae* o *bene merens* interpretava per *beatus martir*. Allora d'Italia si corse a cercar reliquie in Sardegna [...]. Recò pure inganno la palma, che negli epitafi antichi si trova, e che alcuni interpretavano per simbolo di martirio, mentre presso i pagani indicava vittoria, e fra' cristiani fu semplice ornamento».

Dioniso Bonfante, citato nella suddetta nota, fu dottore in Teologia, autore dell'opera *Triumpho de los Santos del reyno de Cerdeña*, nella quale aveva voluto raccogliere tutte le antiche iscrizioni cristiane esistenti nell'Isola. Il procedimento da lui utilizzato era stato svelato e analizzato – ben prima che da Cesare Cantù – nell'opera *Dissertazioni sopra le antichità italiane*, di Ludovico Antonio Muratori, noto presbitero, storico, scrittore, numismatico e bibliotecario italiano, che con non troppo sottile sarcasmo spendeva a tal proposito le seguenti parole:

«dovunque [Dioniso Bonfante] trovò (e furon molti quei marmi) le lettere B. M. quel buon uomo seguitando l'interpretazione de' suoi cittadini, ne formò tanti *Martiri* e *Santi*. Ne recherò un solo esempio.

HIC IACET B. M. LVCIANVS
QUI VIXIT ANNIS PL.M.LXX. QUI
EXIT IN PACE POSITUS V.
KAL. IUNII.

Così spiega egli questa iscrizione: *Hic iacet beatus martyr Lucianus qui vixit annis plus minus septuaginta: quievit in pace positus V. kalendas iunii.* Con questa sì comoda maniera d'interpretar le sigle a tenor de' proprj desiderj, il nostro Bonfante col suo ingegno, o con quello de' suoi concitadini, formò più di trecento Martiri, e ne regalò la Sardegna: martiri nondimeno esistenti nella di lui fantasia; perciocché le lettere B. M. nient'altro significano, se non *bonae memoriae*, come s'ha da altre iscrizioni riferite dal medesimo Bonfante; oppure secondo altri casi, bene merens, o *bene meritus*, o *bene moriens* [...]. Le parole *quievit in pace*, qui ed altrove unicamente rappresentano un cristiano defunto, ma mai un martire o santo. Oltre a ciò, le lettere B. M. convergono tanto ai pagani che a' cristiani».

Ma le colpe non devono ricadere certo sul solo Bonfante, dal momento che la sua opera fu elaborata a seguito della stessa inaugurazione del Santuario; e a tal proposito continua il Muratori:

«Benché come incolpar questo solo autore? Non fu egli il primo a spacciar simili vane interpretazioni. Racconta, che tanti corpi creduti santi, e le loro iscrizioni erano state trovate e cavate circa l'anno 1615 fino al 1626, ed essere preceduta l'opinione dell'arcivescovo e d'altri sardi, che stimavano ed asserivano, quelli essere santi martiri».

Una vicenda poco conosciuta, di cui si trova scarsamente menzione, e che in numerosi ambiti non cessa di alimentare diatribe e dibattiti. Al lettore, dunque, la scelta dell'aspetto sul quale fondare questa curiosità: ben 179 nicchie con i resti di altrettanti martiri racchiusi in un solo santuario, o ben 179 spoglie di semplici uomini e donne del passato, di varia estrazione e credo, venerati all'interno di una cattedrale?

È proprio il caso di dirlo: *ai posteri l'ardua sentenza.*

Bonfant D., *Triumpho de los Santos del reyno de Cerdeña,* Bartholomeo Gobetti, Cagliari, 1635.

CANTÙ C., *Storia Universale*, tomo XII, epoca XII, parte I, G. Pomba e C. Editori, Torino, 1846.

MURATORI L.A., *Dissertazioni sopra le antichità italiane già composte e pubblicate in latine dal proposto Ludovico Antonio Muratori e da esso poscia compendiate e trasportate nell'italiana favella. Opera postuma data in luce dal proposto Gian Francesco Soli Muratori suo nipote. Seconda edizione*, tomo III, parte I, Eredi Barbiellini Mercanti di Libri e Stampatori a Pasquino, Roma, 1775.

SCIARRETTA F., "Le 192 reliquie della Cripta della Cattedrale di Cagliari", *Salute Più. Benessere, Cultura, Costume*, 3 luglio 2014. Link di riferimento: https://www.salutepiu.info/cripta-della-cattedrale-di-cagliari/.

"Santuario dei Martiri", *Cattedrale di Cagliari, Parrocchia di Santa Cecilia*. Link di riferimento: http://www.duomodicagliari.it/sottosezioni.php?cdisplay=1001&id_s=6.

10. SARDEGNA: L'ISOLA DELLE TORRI

«Nell'ultima parte del II millennio a.C. nell'Età del Bronzo, si sviluppò nell'isola della Sardegna un particolare tipo di struttura chiamata oggi nuraghe. Il complesso è costituito da torri circolari in forma di tronco di cono, realizzate con pietre di notevoli dimensioni (progressivamente più piccole man mano che aumenta l'altezza), con camere interne voltate a pseudocupola. Il complesso di Barumini, che fu ingrandito e rinforzato nella prima metà del I millennio, è il più bello ed il più completo esempio di questa straordinaria forma di architettura preistorica». Con queste parole nel dicembre 1996 la 21ª sessione del Comitato del Patrimonio mondiale dell'UNESCO identificava e descriveva il panorama storico e architettonico dei *nuraghi* – tra i quali *Su Nuraxi di Barumini* fu scelto come rappresentante –, al fine di riconoscere questi giganti di pietra *Patrimonio dell'Umanità*.

Ai fini della valutazione furono adottati tre criteri principali, secondo i quali tali strutture:

– rappresentano un capolavoro del genio creativo dell'uomo;

– sono testimonianza unica o eccezionale di una tradizione culturale o di una civiltà vivente o scomparsa;

– costituiscono un esempio straordinario di un tipo edilizio, di un insieme architettonico o tecnologico, o di un paesaggio, che illustri una o più importanti fasi nella storia umana.

In conclusione, dunque, il nuraghe veniva consacrato ufficialmente agli occhi del mondo come un inestimabile patrimonio umano, nel suo essere «[...] un'eccezionale risposta alle condizioni politiche e sociali facendo un uso creativo e innovativo dei materiali e delle tecniche disponibili presso la comunità preistorica dell'isola».

Una domanda tuttavia rimane tutt'oggi aperta: quanti sono i nuraghi?

Il MiBAC titolava una mostra del 2013/2014, svoltasi presso il Museo Nazionale Etrusco di Villa Giulia a Roma, *La Sardegna dei 10.000 Nuraghi – Simboli e miti dal Passato*. Ma quanto questo dato pubblicizzato dal Ministero per i Beni Culturali corrisponde a dei dati certi?

Per quanto possa sembrare assurdo, infatti, pare che ancora non esista un censimento ufficiale che possa colmare questa lacuna quantitativa. L'archeologo Marcello Madau spiegava in un'intervista: «Non esiste un censimento recente di nuraghi in Sardegna [...]. Siamo in possesso di alcuni numeri, ottenuti sommando i dati territoriali forniti dai Comuni, dalle Comunità montane, quindi non omogenei perché raccolti da enti diversi. Possiamo parlare di dati certi solo quando prendiamo in esame zone circoscritte come il Sulcis e l'Iglesiente, il Sarcidano, ma è inesistente un dato completo. [...] Ci vogliono molti soldi, troppe risorse economiche per portare avanti queste ricerche. Ma soprattutto spesso ci si scontra con problemi operativi, visto che la maggioranza del patrimonio archeologico si trova all'interno di proprietà private».

Gli ultimi dati ufficiali parrebbero risalire al lontano 1948 – rilevati attraverso la registrazione della cartografia fornita dall'Istituto Geografico Militare, e riportati nella tesi di laurea di Emanuele Melis del 1967 – e indicavano la presenza sul territorio di 8.000 nuraghi. Dal 2020, una pubblicazione dello studioso Mauro Maxia, *I nomi di oltre ottomila nuraghi*, comprova quell'ipotesi.

A partire dal 2013 la Fondazione *Nurnet – La rete dei nuraghi* sta operando al fine di colmare questa lacuna, aggiornando e rendendo sempre più precisa la numerazione. Come? Attraverso il *Geoportale CRS4 – NURNET*, che raccoglie e ordina dati provenienti da fonti differenti (Wikimapia, file universitari, PPR) creando una mappa dettagliata del territorio. Un prezioso lavoro, che sta coinvolgendo un numero sempre crescente di istituzioni, ricercatori e appassionati. Tuttavia il lavoro è ancora in itinere, e Antonello Gregorini, presidente di Nurnet, spiega in questo modo difficoltà e prospettive future: «Attualmente il geoportale ha un numero di oggetti pari a circa 7.500 unità. Tra questi però sono elencati un certo numero di doppioni dovuti al modo in cui è stato ottenuto il dato […], sono numerati i monumenti del periodo prenuragico quali Domus de Janas, Dolmen, i Menhir più famosi. Sono inoltre elencati altri monumenti del periodo nuragico, quali le tombe dei giganti che, però, naturalmente, nuraghi non sono. Si potrebbe facilmente calcolare il numero di oggetti appartenenti alla macrocategoria dei nuraghi, tuttavia ciò non avrebbe molto senso senza la definizione dei parametri […]. A oggi, a spanne, i nuraghi del geoportale sono circa 5.200 per cui un numero ben inferiore ai 10.000 ipotizzati. […] Ci sarebbe comunque necessità di una serie di studi di tipo urbanistico, di classificazione, statistici e di ordine tipicamente informatico. Quanta strada, quanto lavoro!».

In conclusione, però, alla luce delle cifre indicate, un dato appare tanto certo quanto stupefacente: il patrimonio archeologico della Sardegna lo rende il territorio con il numero più alto di torri arcaiche al mondo.

Per chi ancora non avesse mai visitato un nuraghe… c'è l'imbarazzo della scelta!

Geoportale CRS4 – NURNET. Link di riferimento: http://nurnet.crs4.it/nurnetgeo/.

Gregorini A., "Il problema della quantificazione dei nuraghi", *Nurnet – La rete dei nuraghi*. Link di riferimento: http://www.nurnet.net/blog/il-problema-della-quantificazione-dei-nuraghi/.

Maxia M., *I nomi di oltre ottomila nuraghi: diffusione e significato*, NOR, Ghilarza, 2020.

Melis E., *Carta dei nuraghi della Sardegna. Monumenti preistorici nel comune di Mamoiada*, Arti grafiche Panetto & Petrelli, s.l., 1967.
"Nuraghe", *Wikipedia*. Link di riferimento: https://it.wikipedia.org/wiki/Nuraghe.

11. L'ANTICA CITTÀ DEI SOLDATI SARDI DELL'IMPERO ROMANO

A circa cento chilometri a sud dell'attuale Algeri si trova un piccolo comune di quasi ventimila abitanti, che prende il nome di Djouab. La città sorge sulle vestigia di un antico centro della Mauretania Cesariensis, provincia dell'Impero romano: *Rapidum*, un originario comando militare con quattro bastioni, una caserma, cantine, una grande armeria e numerose abitazioni, attorno al quale si sviluppò una struttura urbana. Si stima che la città arrivò a ospitare circa 8.500 persone, tra militari e civili.

Nel II secolo d.C., infatti, la zona era particolarmente "calda" per l'Impero, a causa delle continue incursioni dei ribelli mauri dell'Africa settentrionale: per questo motivo l'imperatore Adriano aveva dato l'ordine di inviarvi un'unità militare al fine di presidiare quelle zone instabili. Fu scelta la *Cohors Secunda Sardorum*, un reparto composto interamente di sardi al fedele servizio di Roma. Questi coraggiosi avi provenienti dalla Sardegna non solo difesero l'avamposto assegnato al loro controllo, ma svilupparono un centro florido e attivo. Ancora oggi è possibile osservare le lapidi che riportano i nomi, lo status e alcuni cenni sulle vite di questi antichi sardi, che spinsero il loro coraggio fino ai confini dell'Impero, lasciando divampare il fuoco del loro valore e del loro ingegno.

Qualche cenno ulteriore per quanti, appassionatisi a una storia così poco conosciuta, desiderassero approfondire le vicende successive: il *castrum* originale di Rapidum rimase stabile fino agli inizi del III secolo d.C., mentre la città sopravvisse e prosperò fino al tempo dell'imperatore Aureliano, quando venne distrutta dai nomadi berberi. In seguito fu l'imperatore Diocleziano a impegnarsi per la sua ricostruzione. Il forte fu infine abbandonato intorno al 325 d.C., ma la città continuò a vivere per secoli.

L'attuale Djouab, dunque, si erge oggi sull'antica eredità dei soldati e guerrieri sardi della gloriosa *Cohors Secunda Sardorum*.

LAPORTE J.P., *Rapidum. Le camp de la cohorte des Sardes en Maurétanie Césarienne*, Dipartimento di Storia, Università degli studi di Sassari, Sassari, 1989.
LECIS V., *Rapidum*, Condaghes, Cagliari, 2015.
MASTINO A., "Le relazioni tra Africa e Sardegna in età romana", in *Archivio storico sardo XXXVIII*, Cagliari, 1995.
MASTINO A., "La Sardegna Romana", in BRIGAGLIA M. (a cura di)., *Storia della Sardegna. Dalle origini al Settecento*, Laterza, Roma-Bari, 2006.
WILLIAMS S., *Le secteur de Rapidum sur le Limes de Mauritanie césarienne après les fouilles de 1927*, Persee Scientific Journals, vol. 45, 1928.
"Djouab", *Wikipedia*. Link di riferimento: https://en.wikipedia.org/wiki/Djouab.
"Rapidum", *Wikipedia*. Link di riferimento: https://en.wikipedia.org/wiki/Rapidum.

12. LE GLORIOSE ORIGINI DI PORTO TORRES

In provincia di Sassari, nelle coste settentrionali della Sardegna, ben protetto all'interno del Golfo dell'Asinara, sorge il comune di Porto Torres.

La diretta antenata di questo centro fu l'antica *Colonia Iulia Turris Libisonis*, città romana che sorse e si sviluppò su un tratto della costa innegabilmente strategico, favorevole agli approdi e con la possibilità di un porto fluviale sul Rio Mannu, sulla cui foce si trovava il nucleo originario dell'insediamento, e presso il quale ancora oggi si può ammirare un ponte romano lungo ben 135 metri disposto su sette arcate.

Al di là della floridezza della sua economia e della magnificenza del centro, a rimanere impressa è senza dubbio la gloriosa origine di questa città, il cui nome compare per la prima volta nella celebre e fondamentale opera di Plinio il Vecchio, la *Naturalis Historia*. Alla luce del suo appellativo *Iulia*, una parte degli studiosi ritiene infatti che sia stata fondata dall'immenso Caio Giulio Cesare durante un suo soggiorno nell'isola nel 46 a.C.; mentre altri ritengono sia stata fondata dal suo successore, Caio Giulio Cesare Ottaviano Augusto, a seguito della vittoria di Filippi del 42 a.C., per quanto in quest'ultimo caso l'appellativo completo sarebbe dovuto essere *Iulia Augusta*. In entrambi i casi, le origini sono senza dubbio degne della massima gloria.

In seguito, durante il lungo dominio di Roma, la città fu interessata da imponenti e numerosi rinnovamenti urbanistici, quali la costruzione di un sistema viario, ben tre impianti termali, un acquedotto e l'implementazione del porto che intratteneva rapporti commerciali diretti con Ostia. Tra il II e il III secolo d.C., Turris Libisonis era seconda solo a Caralis per abitanti, estensione e rete commerciale.

Una storia che rese dunque onore alla grandezza del suo fondatore – in entrambi i casi evidenziati –, e che merita di essere scoperta e approfondita con un'immancabile visita al Museo archeologico nazionale Antiquarium Turritano.

BRIGAGLIA M., TOLA S. (a cura di), *Dizionario storico-geografico dei Comuni della Sardegna, 4 (O-S)*, Sassari, Carlo Delfino editore, 2006.

FLORIS F. (a cura di), *La grande enciclopedia della Sardegna*, Newton&Compton Editori, Roma, Edizioni della Torre, Cagliari, 2007.

"Porto Torres: Scopriamo Turris Libisonis, la Colonia romana fondata da Giulio Cesare!", *Sardegna in Blog 2019*. Link di riferimento: https://www.sardegnainblog.it/5950/turris-libisonis-colonia-romana-porto-torres/.

"Porto Torres", *Wikipedia*. Link di riferimento: https://it.wikipedia.org/wiki/Porto_Torres.

"Turris Libisonis", *Sardegna Turismo*. Link di riferimento: https://www.sardegnaturismo.it/it/esplora/turris-libisonis.

13. Il più antico scandalo giudiziario della Storia sarda

Un vero e proprio thriller storico dalle tinte noir l'intricata vicenda svoltasi in Sardegna sotto il dominio di Roma nel I secolo a.C., la cui testimonianza giunge a noi attraverso le parole di uno dei massimi maestri dell'arte oratoria antica, fondamento insostituibile della letteratura latina: Marco Tullio Cicerone. Nel 54 a.C., quest'ultimo fu chiamato a difendere Marco Emilio Scauro – tornato verso la fine di giugno di quell'anno dalla Sardegna, dove aveva ricoperto la carica di propretore, e candidato per l'anno successivo alla carica di console –, accusato di concussione dall'oratore Publio Valerio Triario per incarico dei sardi. La faccenda si sviluppava su diversi capi d'imputazione, estremamente complessi e dalle tinte fosche.

In primis, Scauro era accusato di essere stato il mandante dell'assassinio – consumatosi per avvelenamento – di Bostare, ricco cittadino di Nora, con il fine di appropriarsi dei suoi beni. Cicerone sostenne come il suo assistito non potesse avere alcun interesse nell'uccidere la vittima, laddove non era il suo erede e non correva tra loro odio personale: trovava invece proprio nella madre di quest'ultimo un movente che avrebbe giustificato l'avvelenamento del figlio.

La seconda accusa mossa indicava nelle continue insidie di Scauro la causa del suicidio della moglie di un altro personaggio, Arine. Riguardo a quest'ultimo aspetto, Cicerone difese il suo assistito riportando le voci secondo cui fosse stato lo stesso Arine a far uccidere la moglie da un liberto – durante la celebrazione dei Parentalia, in occasione dei quali i concittadini defluivano fuori dalla città per rendere tributo ai propri avi – per poter sposare la madre di Bostare. Allo stesso modo, con ironia che appare oggi certo macabra, sottolineò come la donna in questione fosse rinomatamente brutta, allontanando così le ipotesi di un possibile desiderio nei suoi confronti.

Tutti intrecci, questi, degni del migliore romanzo giallo.

È però il terzo capo di imputazione ad assumere in questa sede maggiore centralità, laddove diventa protagonista la stessa

Sardegna: l'accusa era quella di malversazione. Secondo quanto sostenuto da Triario e da ben centoventi testimoni provenienti dall'isola, Scauro avrebbe agito con continue estorsioni sulle esazioni del grano. Cicerone profuse a questo punto le sue massime doti oratorie, e la sua abilità forense appare tanto grande, quanto svilita emerge nelle sue parole la reputazione dei suoi avversari: l'isola, i testimoni tutti e il loro difensore.

Quest'ultimo fu accusato di aver svolto con incompetenza le sue ricerche sul campo, mancando secondo Cicerone tanto le indagini necessarie quanto una vera e propria inchiesta sul campo.

Riguardo alla Sardegna e i suoi testimoni, egli sostenne come questi ultimi fossero totalmente inattendibili, indicando i sardi con la celebre definizione di *mastrucati latrunculi* ('ladri con la mastruca'), e dipingendoli come inaffidabili e disonesti per la stessa natura delle loro radici, rintracciabili in fenici e punici, nemici di Roma: «La razza più ingannatrice, come ci attestano tutti i documenti dell'antichità e tutte le opere storiche, è quella dei Fenici. I Punici, loro discendenti, non si sono mostrati, se pensiamo alle molte ribellioni di Cartagine, alle numerose violazioni e rotture di patti, figli degeneri. I Sardi, che discendono dai Punici grazie a un incrocio di sangue africano, non sono stati condotti in Sardegna come normali coloni ivi stanziati, ma come il rifiuto di coloni di cui ci si sbarazza». Origini considerate quindi massimamente impure, e che per di più si erano nel tempo guastate e ibridate nella discendenza che aveva condotto ai sardi, rendendo questi ultimi ancor più selvaggi e nemici della latinità.

L'arringa di Cicerone terminava dunque con l'esaltazione dei meriti della famiglia del suo assistito, ricordando episodi commoventi come il salvataggio da parte di uno dei suoi membri, Lucio Metello, pontefice massimo, della statua di Pallade da un tempio in fiamme.

L'assoluzione di Scauro avvenne il 2 settembre, e fu plebiscitaria: votarono a suo favore sessanta giudici su sessantotto. Tempo dopo, Cicerone definì la sua orazione uno dei suoi capolavori forensi.

Uno dei primi casi noti e documentati – e non certo l'ultimo (!) – di abuso giudiziario, fomentato da pregiudizi, nei confronti della Sardegna?

Cicerone M.T., *Le orazioni*, a cura di Bellardi G., Torino, UTET, 1975-1981.

Cicerone M.T., *L'orazione per Gneo Plancio*; *L'orazione per Marco Emilio Scauro*; *L'orazione per Gaio Rabirio Postumo*, a cura di Lepore E., Casorati F., Nencini E., Mondadori, Milano, 1985.

Cicerone M.T., *M. Tulli Ciceronis pro M. Aemilio Scauro oratio*, a cura di Ghiselli A., Patron, Bologna, 1969.

"Cicerone e i Sardi", *Truncare sas cadenas*, 31 agosto 2013. Link di riferimento: https://truncare.myblog.it/2013/08/31/cicerone-e-i-sardi-5656776/.

"Pro Scauro", *Wikipedia*. Link di riferimento: https://it.wikipedia.org/wiki/Pro_Scauro.

14. Nelle campagne dell'Isola il più antico corpo di polizia d'Europa

Ancora oggi in Sardegna opera la più antica forza di polizia d'Europa, le cui origini risalgono addirittura all'epoca giudicale di età medievale: un'istituzione pubblica di polizia locale, urbana e rurale, nota con il nome di *Compagnia Barracellare*.

Il nome deriva dallo spagnolo *barrachel*, che ha la stessa origine dell'italiano *bargello*, il quale appare in sardo nella forma *barratzellu* o *barracellu*, termine utilizzato per indicare una guardia armata di nomina politica, generalmente campestre.

Il colonnello Josè Almirante de Coronella, nel vasto e dettagliato *Dizionario storico etimologico Spagnolo militare*, pubblicato nel 1869, indica come la prima attestazione del termine *Barrachel de Campagna* risalga al 1536, come parte di un organo spagnolo con funzioni di polizia e ordinamento militare. In seguito, la prima citazione ufficiale in questa forma relativa alla Sardegna risalirebbe al 1570-1572 circa.

Tuttavia, l'origine dei barracelli in Sardegna è ancora più antica, derivando da una forma di *scolca* risalente al periodo dei Giudicati medievali, epoca nel quale i barracelli erano chiamati *juratos* (o *jurados de logu*), ed erano guidati dal *maiore de scolca*, che rispondeva del suo operato al *maiore de villa*, figura accostabile a quella di un attuale sindaco. Solo in seguito gli spagnoli avrebbero dato loro il nome di *barrachellos*, con i quali vengono identificati dal suddetto 1570.

Nel corso della loro storia dovettero attraversare alterne vicende, talvolta assai difficili: furono abolite una prima volta nel 1819, quando vennero sostituite con i *Cacciatori reali di Sardegna*, e in seguito furono ricostituite nel 1827 e riconfermate nel 1836. Seppur negli anni successivi si susseguirono numerose proposte parlamentari mirate alla loro abolizione (1848, 1849, 1850), il governo sardo le riorganizzò invece con la Legge 22 maggio 1853, e in seguito il governo italiano le regolamentò con il Regio Decreto 14 luglio 1898, n. 403.

Lunga vita dunque alla più antica forza di polizia europea, primato e orgoglio della Sardegna.

ORUNESU S., *Dalla scolca giudicale ai Barracelli. Contributo a una storia agraria della Sardegna*, Condaghes, Cagliari, 2003.
"Compagnia barracellare", *Wikipedia*. Link di riferimento: https://it.wikipedia.org/wiki/Compagnia_barracellare.

15. DAL REGNO DI SARDEGNA AL REGNO D'ITALIA

Cercare di riassumere, restringere, sintetizzare le innumerevoli sfumature umane e ideali del Risorgimento italiano sarebbe riduttivo e mancante di rispetto verso l'incalcolabile sacrificio umano resosi necessario e compiuto con profondo senso della Patria in lunghi anni di lotta, tanto intellettuale quanto armata.

Sia obiettivo di queste poche righe ricordare un solo dato, spesso tenuto in secondo piano, dimenticato, vilipeso, talvolta addirittura deriso: *un istante prima che tutti i sardi fossero italiani, tutti gli italiani erano sardi.*

Infatti, il Regno di Sardegna, sulla base dei trattati di Londra del 1718 e dell'Aia del 1720, l'8 agosto di quest'ultimo anno era passato a Vittorio Amedeo II di Savoia, a cui egli aveva accorpato gli Stati ereditari della casata: il Principato di Piemonte con il Ducato di Savoia, la Contea di Nizza e di Asti, il ducato di Aosta, il ducato del Monferrato, la signoria di Vercelli, il marchesato di Saluzzo e una parte del ducato di Milano (a cui si aggiunse in seguito il Ducato di Genova). In questo modo, dunque, la nuova realtà politico territoriale «divenne uno Stato composto, formato dall'unione di più Stati che conservavano ciascuno la propria qualità di Stati, ma senza costituire un nuovo soggetto ad essi superiore, un nuovo Stato».

Da quel momento la denominazione *Regno di Sardegna* cominciò a essere estesa all'insieme dei territori sabaudi, per quanto formalmente essa indicasse solo l'isola sarda, distinta istituzionalmente dai cosiddetti *Stati di terraferma*, con i quali condivideva però il capo dello stato (re per i sardi, duca per i savoiardi, principe per i piemontesi etc.). Ufficialmente era dunque utilizzata la formula *Stati del re di Sardegna*.

Solo nel 1847, con la ratifica di Carlo Alberto, la *Fusione Perfetta* diede vita a uno stato unitario, che mantenne la denominazione di Regno di Sardegna, attuando allo stesso tempo una radicale trasformazione del suo sistema giuridico – attraverso l'introduzione dello Statuto Albertino – e amministrativo, introducendo un unico parlamento e designando una nuova capitale: Torino.

Venne dunque a decadere la forma dell'insieme di Stati uniti dalla sola figura del monarca, e venne introdotta una nuova visione centralista, in cui il sovrano regnava con il titolo di Re sull'intero corpo statuale – e non solo sulla Sardegna –, mantenendo allo stesso tempo il titolo di Principe di Piemonte, duca di Genova e duca di Savoia, i quali formalizzavano il potere sugli Stati di terraferma.

Solo con l'unificazione italiana e l'annessione degli stati preunitari, l'ultimo Re di Sardegna, Vittorio Emanuele II, assunse il titolo di Re d'Italia il 17 marzo 1861.

Un istante prima che tutti i sardi fossero italiani, tutti gli italiani erano sardi.

Casula F.C., *Breve storia di Sardegna*, Sassari, Carlo Delfino, Sassari, 1994, p. 187.
"Regno di Sardegna (1720-1861)", *Wikipedia*. Link di riferimento: https://it.wikipedia.org/wiki/Regno_di_Sardegna_(1720-1861).
"Risorgimento", *Wikipedia*. Link di riferimento: https://it.wikipedia.org/wiki/Risorgimento.

16. L'epica leggenda dei "Diavoli Rossi", i temibili *Dimònios* della Brigata Sassari

Il 24 maggio 1915 rimarrà una data tanto impossibile da dimenticare, quanto fondamentale da ricordare: per l'Italia ebbe inizio quel giorno la Prima guerra mondiale, al fianco delle potenze dell'Intesa contro gli Imperi Centrali. Un conflitto che porterà alla morte di oltre 15 milioni di persone, una cifra spaventosa al cui dolore vanno aggiunti i milioni di feriti e mutilati.

Fu in questo terrificante scenario che nacque la leggenda dei *Dimonios* della *Brigata Sassari*, i temuti *Diavoli Rossi*. Questo glorioso reparto fu uno dei più decorati sull'intero scenario del conflitto, e per il loro indomabile furore e il loro incrollabile coraggio i soldati a esso appartenenti furono decorati con ben 9 Medaglie d'Oro, 286 Medaglie d'Argento e 417 Medaglie di Bronzo; inoltre, 6 ufficiali ricevettero il prestigioso Ordine Militare di Savoia. Il prezzo del terrore instillato negli avversari e del rispetto suscitato nei compatrioti fu però altissimo: 12.923 uomini tra morti, feriti e dispersi. Laddove una Brigata incorpora circa 6.000 soldati, fu necessario ricostruire la Sassari per ben due volte, e per renderlo possibile si dovette ricorrere anche al trasferimento dei sardi che militavano in altri reggimenti.

L'origine del reparto è fissata sui documenti in una precisa data: il 1° marzo 1915, con due reggimenti, uno a Sinnai e l'altro a Tempio. Non sono specificate le motivazioni che portarono lo Stato maggiore dell'Esercito del Regno d'Italia a creare quest'unità composta solo da sardi, destinata a diventare una leggenda della Grande Guerra, ma si legge certo la necessità di creare un gruppo coeso e compatto per provenienza, dotato di un incrollabile spirito identitario.

Tuttavia, è emersa negli ultimi anni la narrazione di una vicenda che svelerebbe nuovi aspetti legati alla creazione della Brigata Sassari: secondo le ricerche di Daniele Lostia Falchi, detto *Lelle*, di Orotelli, portatore della memoria del padre – Andrea Lostia di Orotelli, classe 1894, combattente nel pluridecorato reparto – all'origine della Brigata Sassari vi sarebbe la storia poco nota di un gruppo di artiglieri sardi che, nel 1914, si ribellò agli abusi dei commilitoni continentali.

In questo resoconto, pubblicato sulle pagine del quotidiano *La Nuova Sardegna*, è proprio il Lostia Falchi a narrare: «Mio padre era diventato attendente del capitano. Una sera tornò in caserma e trovò i suoi amici sardi silenziosi e avviliti. Uno di loro gli disse: *E non bides, Andrì, chi no sunu piccande a truba, e non intendes cussu romanu a punzoso serradoso e brazzoso arzadoso abbochinande chi pro isse bi cherete totta sa Sardigna* ("Non vedi Andrea che ci fanno filare come bestie, e non senti quel romano che a pugni serrati e a braccia alzate urla che per stendere lui ci vuole tutta la Sardegna"). La risposta di mio padre fu come una frustata: *E boisi itte sezzisi ispettanne a l'istrubbare a susu chin corazu e animu determinadu chenza los timere, poi li damus a bidere chi no bi cheret totta sa Sardigna pro los crepare e los isperdere?* ("E voi cosa state aspettando a saltargli addosso con coraggio e con determinazione senza temerli, poi gli facciamo vedere che non ci vuole tutta la Sardegna per dargli una lezione e farli scappare")».

Sarebbe stata questa la scintilla che avrebbe scatenato una rissa terribilmente furiosa, nella quale il gruppo di sardi tenne testa all'intero reggimento di artiglieria Fortezza da Costa. Le autorità militari credettero si trattasse di una rivolta contro lo Stato, e Andrea Lostia, indicato come il capo di quella ribellione, fu arrestato e trasferito a Piacenza in attesa del processo. Le indagini condotte – che portarono all'immediata scarcerazione dell'artigliere Lostia – dimostrarono come non si fosse trattato di una rivolta, ma solo di una furiosa rissa tra sardi e continentali.

«Mi fu raccontato – prosegue Lelle Lostia – che il generale, del quale non conosco però il nome, rimase profondamente colpito da quella rissa e si chiedeva come fosse stato possibile che un gruppo esiguo di sardi avesse potuto sbaragliare un intero reggimento. "Non è possibile, non è possibile" ripeteva incredulo. Dopo alcune ore convocò i suoi ufficiali e disse: "Se è vero, come è vero, che un gruppo di sardi riesce a sbaragliare un reggimento al completo, allora se riusciamo a formare una brigata di soli sardi potremmo vincere qualsiasi guerra"». In tal modo, dunque, avrebbe avuto origine l'idea di creare quel reparto il cui nome si rivestì di imperitura gloria, e che ancora oggi tiene orgogliosamente alto il nome della Sardegna.

Ajò! Dimonios! Avanti forza paris!

Mannironi P., "La leggenda dei 'Dimonios' nacque da una rissa furiosa", *La Nuova Sardegna* (Edizione Sassari). Link di riferimento: http://www.lanuovasardegna.it/regione/2015/01/02/news/nacque-da-una-rissa-furiosa-la-leggenda-dei-dimonios-1.10597004.

"Brigata meccanizzata 'Sassari '", *Wikipedia*. Link di riferimento: https://it.wikipedia.org/wiki/Brigata_meccanizzata_%22Sassari%22.

"Dimonios: la leggenda della Brigata Sassari nata a causa di una rissa furibonda", *Vistanet*, 11 maggio 2017. Link di riferimento: https://www.vistanet.it/cagliari/2017/05/11/dimonios-la-leggenda-della-brigata-sassari-nata-causa-rissa-furibonda-esercito-italiano-sardegna/.

17. L'incredibile vita dell'avventuriero Marquis de Morès

È ben noto come assai spesso i nobili feudatari che si sono succeduti nei secoli nel controllo delle realtà locali della Sardegna non abbiano sempre risieduto nell'Isola.

Un personaggio in particolare, tuttavia, spicca fra tutti per la varietà e la distanza delle località in cui ha trovato dimora lontano dai possedimenti dei suoi avi.

Antoine Amédée Marie Vincent Manca, discendente di don Antonio Manca y Amat, uno dei feudatari più famigerati del nord Sardegna – trasferitosi a Parigi dopo lo scioglimento dei feudi sardi –, trascorse la sua vita tra la *Ville Lumière*, Cannes, gli Stati Uniti d'America, l'India, il Nepal, l'Indocina francese, la Tunisia, la Tripolitania e infine l'Algeria.

Il *marquis de Morès*, come era riconosciuto e appellato dai suoi contemporanei, sposò una donna americana figlia di un banchiere di Wall Street e si trasferì negli Stati Uniti d'America. Nel Territorio del Dakota fondò una città che porta ancora oggi il nome della moglie: *Medora*. Fu imprenditore nel campo del confezionamento delle carni, con l'appoggio finanziario del suocero, per quanto l'iniziativa fu destinata a rivelarsi fallimentare. In quegli anni visse e affrontò peripezie degne di un cowboy, tra le quali sfiancanti cavalcate nelle immense praterie, sparatorie con banditi e avversari commerciali e la corsa insaziabile alle promesse remunerative del Far West.

Successivamente sperperò i suoi averi in India e in Nepal dove si recò per un safari, affrontando le difficoltà e i pericoli della caccia alla tigre, tentando in seguito la costruzione di una ferrovia nell'Indocina francese, iniziativa che ancora una volta si rivelò tuttavia fallimentare.

Tornato in Francia, prese parte alle vicende della Terza Repubblica, alternandosi tra gli impegni della carriera politica e una serie di duelli mortali, dalle quali uscì indenne e vincitore grazie alle doti di abile spadaccino apprese durante una giovanile carriera militare.

Approdò infine in Tunisia, poi in Tripolitania e in Algeria, verso una personale avventura coloniale che avrebbe dovuto portarlo ad allearsi con il fondamentalismo islamico.

Prima di quest'ultimo viaggio, fece tappa nell'Isola insieme alla moglie, nel maggio 1895. Partiti dal porto di Marsiglia approdarono in quello di Genova, e da qui salparono per Porto Torres (un viaggio in nave della durata di 30 ore). Il 14 maggio il marchese si recò con la consorte a Mores (Sassari), villaggio del Logudoro, ex feudo dei suoi avi, accolto dalle personalità più importanti del paese. Il giorno successivo si recò poi a Tissi (Sassari), in occasione della festa patronale. Qui condivise le celebrazioni, partecipò alla cavalcata tradizionale salendo su un cavallo, e in virtù di un privilegio feudale appartenente alla sua famiglia entrò in chiesa a cavallo. Si distinse alla testa del corteo in sella a un cavallo, tenendone le redini con la sinistra, mentre con la destra teneva poggiata sull'arcione l'asta con una ricca bandiera di Santa Vittoria, di cui fece dono alla Chiesa parrocchiale Santa Anastasia di Tissi. Al termine del suo soggiorno in Sardegna si recò a Sassari a fare visita al Palazzo Ducale.

Morirà circa un anno dopo, il 9 giugno 1896, nel corso di una sanguinosa sparatoria nel deserto del Nord Africa, tenendo lungamente testa con le sue sole forze ai numerosi membri di una tribù Tuareg che, presentatisi come alleati, lo tradirono per derubarlo. L'Europa intera fu scossa dalla notizia della morte – in circostanze tanto violente – di un personaggio così noto, avventuroso ed eccentrico.

AREDDU A., *Vita e morte del marchese di Mores Antoine Manca (1858-1896)*, Condaghes, Cagliari, 2018.

18. LA PRIMA DONNA SINDACO DELLA STORIA D'ITALIA

Nell'orgoglio di un'eredità immortale quale quella della celebre giudicessa Eleonora d'Arborea, le donne di Sardegna hanno saputo dimostrare in momenti chiave della storia regionale e nazio-

nale la loro determinazione e la loro forza politica.

Fulgido esempio del XX secolo fu Ninetta Bartoli, prima donna a essere eletta sindaco nella storia dell'Italia repubblicana.

Nata nel 1896 a Borutta, piccolo comune del Meilogu (Logudoro), da una famiglia benestante, sin dalla giovane età dimostrò – durante il suo percorso di studi presso l'istituto Figlie di Maria di Sassari – una profonda insofferenza nei confronti delle cosiddette *arti femminili*, e alla dedizione al focolare preferì sempre l'impegno politico e sociale.

Rientrata a Borutta, contrariamente a molte giovani della sua età, decise di restare in paese e di non sposarsi: ereditato il patrimonio di famiglia, iniziò a costruirsi autonomamente un futuro, impegnandosi pubblicamente per i suoi compaesani. Iniziò dunque in quegli anni la sua carriera politica, tra organizzazioni cattoliche e costanti frequentazioni con i vertici della DC locale.

Le indicibili difficoltà della guerra la videro impegnata socialmente in sostegno della sua comunità. Al termine del conflitto, quando nel 1945 le italiane ottennero il diritto di voto, e nel 1946, grazie al decreto De Gasperi-Togliatti, poterono finalmente essere elette, ottenne un meritato trionfo politico: nell'aprile del 1946 venne votata sindaco di Borutta con un indiscusso plebiscito, ovvero l'89% delle preferenze. Governerà la città per dodici anni, fino al 1958, quando abbandonerà la carriera politica, senza interrompere tuttavia il suo inesauribile impegno sociale.

Necessario sottolineare come l'attribuzione del titolo di prima donna sindaco d'Italia abbia creato nel tempo aspre diatribe: accanto alla Bartoli, infatti, fra le primissime donne vincitrici alle elezioni di primavera del 1946 ci furono anche Margherita Sanna, per il comune sardo di Orune, Ada Natali, per il comune di

Massa Fermana in provincia di Ascoli Piceno, e ancora Caterina Tufarelli Palumbo Pisani, eletta alla giovanissima età di ventiquatto anni al comune di San Sosti in provincia di Cosenza.

Tuttavia, le elezioni amministrative di primavera si tennero nelle giornate del 10, 17, 24 e 31 marzo e del 7 aprile, e la Bartoli ottenne già nella prima giornata di votazioni la certezza della sua schiacciante vittoria, laddove per Caterina Tufarelli Palumbo Pisani il riconoscimento sarebbe avvenuto solo il 24 marzo, per Ada Natali il 31 marzo e per Margherita Sanna il 7 aprile.

Ovviamente questi dettagli assumono importanza solo nell'ottica della corretta attribuzione del primato qui narrato: indiscutibile, infatti, il profondo tributo che merita ognuna di queste grandi donne della nostra Storia.

"Ninetta Bartoli, la prima donna sindaco in Italia", in *L'Unione Sarda.it*, 27 aprile 2017. Link di riferimento: https://www. unionesarda.it/articolo/cultura/2017/04/27/sardegna_al_ femminile_ninetta_bartoli_prima_donna_sindaco_d_ita- li-8-594392.html.

"La prima donna sindaco in Italia? Un titolo che fa discutere", in *L'Unione Sarda.it*, 12 maggio 2017. Link di riferimento: https://www.unionesarda.it/articolo/cultura/2017/05/12/ la_prima_donna_sindaco_in_italia_un_titolo_che_fa_discu- tere-8-600166.html.

19. La prima donna medico condotto in Italia

Nessuna controversia sul primato che portò la sassarese Adelasia Cosso a diventare la prima donna medico condotto in Italia. Nata nel 1885 in una famiglia colta – il padre era l'intellettuale progressista Salvatore Cocco Solinas –, che le fornì istruzione e preziosi stimoli, decise di voler studiare Medicina nella Facoltà di Pisa. Iniziò qui i suoi studi, nel 1907, e li terminò in Sardegna, a ventotto anni, dove si laureò nel 1913 con il direttore dell'Istituto di patologia e clinica medica dell'Università di Sassari, il professor Luigi Zoja, con una tesi su "Il potere autolitico del siero di sangue come contributo alle reazioni immunitarie". Ma la vocazione di Adelasia non era quella di stare chiusa in un laboratorio, desiderava curare le persone. Fece quindi domanda per diventare medico condotto in Barbagia. Il prefetto trovò la sua richiesta «irriverente e spudorata», ma il rifiuto generò una certa, seppure timida, indignazione. E così, i consiglieri comunali di Nuoro le assegnarono un posto nel rione di Seuna. I sacrifici della donna, vittima di tenaci pregiudizi, furono ripagati dalla fiducia delle persone. Di questo periodo dirà: «Ho vissuto un'esperienza bellissima a contatto con i poveri, i contadini, i pastori, quasi in terra di missione. Ho dovuto lottare contro tutti, in un ambiente talvolta ostile che voleva il sesso debole relegato fra i fornelli di casa. Alla fine ebbi la stima della popolazione». Ormai a suo agio e competente nel suo mestiere, l'anno dopo, nel 1915, divenne medico condotto di Lollove, un piccolo paese vicino a Nuoro.

Dopo essersi dedicata con dedizione ai suoi pazienti, nel 1928 divenne Ufficiale Sanitario del Comune di Nuoro e infine, nel 1935, direttrice dell'Istituto provinciale di Igiene e Profilassi.

Tutto qui il contributo all'emancipazione delle donne? No: nel 1919 fu la prima donna a prendere una patente automobilistica in Sardegna!

Angioni C., Luppi G., *Ainnantis: storie di donne di una Sardegna che va oltre*, Condaghes, Cagliari, 2020.
"Adelasia Cocco, prima donna medico condotto d'Italia", in *L'Unione sarda.it*. Link di riferimento: https://www.unionesarda.it/cultura/adelasia-cocco-prima-donna-medico-condotto-d-italia-ixbs52fw.

20. Quando dal sangue dei Sardi germogliò il primo sciopero nazionale della Storia d'Europa

Il 4 settembre 1904 a Buggerru venne scritta con il sangue degli operai una delle pagine più tragiche e tristi della storia non solo della Sardegna, ma di tutta l'Italia. Nell'ottica della lotta per il riconoscimento degli inviolabili diritti umani, fu un giorno simbolico per la Storia dell'Uomo.

Agli inizi del '900 il piccolo borgo di Buggerru (provincia del Sud Sardegna) ospitava il cuore pulsante e produttivo della *Société anonyme des mines de Malfidano* di Parigi, un ampio e complesso sito di estrazione mineraria che prosperava attraverso il lavoro sottopagato di minatori locali, costretti a operare in condizioni disumane e massacranti, per arricchire la ristretta élite di investitori che gestivano il fecondo business. Mentre gli operai sopravvivevano nelle misere ristrettezze del loro lavoro, i dirigenti che si erano trasferiti nel borgo con le rispettive famiglie avevano ricreato un fervido ambiente culturale, al punto che Buggerru era conosciuta come *petit Paris*, ovvero 'piccola Parigi'.

Mentre i ricchi parigini si intrattenevano nel cinema di Georges Perrier, o nel teatro, o nei circoli privati del borgo, i minatori si logoravano in turni disumani, spesso vittime di incidenti mortali, privati di ogni prospettiva di serenità umana e familiare. I lavoratori si erano dunque organizzati nella Lega di resistenza di Buggerru che contava quattromila iscritti, e i cui dirigenti, i militanti socialisti Giuseppe Cavallera e Alcibiade Battelli, avevano partecipato nel 1903 al secondo congresso nazionale della Federazione dei minatori, per comprendere la strada da intraprendere nella ricerca inesausta di una risposta alle loro rivendicazioni, indirizzate all'incremento dei salari e al miglioramento delle loro condizioni di vita e di lavoro. La strategia adottata fu attuare un'ondata di scioperi che cominciò dai primi mesi del 1904.

La protesta si intensificò nel mese di settembre, a seguito di una circolare diramata dal direttore della miniera Achille Georgiades, attraverso la quale veniva comunicato ai minatori che la pausa tra i due turni di lavoro, quello mattutino e quello pomeridiano, era stata ridotta di un'ora.

L'esplosione di rabbia e dissenso portò a una reazione immediata: iniziò lo sciopero dei minatori, che presentarono le loro istanze alla società francese. La domenica del 4 settembre 1904, gli operai si riunirono davanti alla sede della direzione generale della miniera, in sostegno della delegazione impegnata nelle trattative. Alla vista della folla, i titolari della società chiamarono

l'esercito, che fece fuoco sugli operai, uccidendone quattro e ferendone molti altri.

Quattro uomini, quattro martiri sardi della lotta per i diritti dei lavoratori.

Le reazioni non mancarono, e furono tanto immediate quanto travolgenti e di capitale importanza: alla luce dei tremendi fatti occorsi nell'Isola, infatti, la Camera del Lavoro di Milano proclamò lo sciopero generale nazionale, che fu il primo d'Europa, e si protrasse dal 16 al 21 settembre. Aderirono i lavoratori italiani di tutte le categorie, uniti in un'unica lotta in riconoscimento dei propri diritti di uomini e di lavoratori. Il sangue dei martiri sardi fece dunque germogliare il seme della prima lotta unita e comune in forma di sciopero nella storia d'Europa.

Boscolo A., "Lo sciopero del 1904 a Buggerru", in *Movimento operaio*, n. 3, 1954.

Procacci G., *La lotta di classe in Italia agli inizi del secolo XX*, Editori riuniti, Roma, 1970.

Serra Frau J., *Buggerru: 4 settembre 1904, l'eccidio e le cronache dei giornali*, J. Serra Frau, Cagliari, 2015.

Sotgiu G., *Lotte sociali e politiche nella Sardegna contemporanea*, EDES, Cagliari, 1974.

Sotgiu G., *Questione sarda e movimento operaio*, Edizioni sarde, Cagliari, 1969.

"Eccidio di Buggerru", *Wikipedia*. Link di riferimento: https://it.wikipedia.org/wiki/Eccidio_di_Buggerru.

21. I sopravvissuti sardi all'"Apocalisse del Vino"

Nel 1866, in maniera tanto improvvisa quanto misteriosa, i vitigni francesi iniziarono a morire: in poco tempo i grappoli rinsecchivano e le radici marcivano irrimediabilmente. In un'economia in cui il settore vinicolo occupava un terzo della forza lavoro del paese, ebbe inizio una vera tragedia.

Jules Emile Planchon, capo del dipartimento di botanica dell'Università di Montpellier, venne incaricato di scoprire l'origine di questa piaga inarrestabile, e, analizzando le radici delle piante apparentemente sane, notò come esse pullulassero di minuscoli insetti giallastri, mai osservati prima: creature dalle capacità devastanti, con fasi di sviluppo parallele a quelle della vite e la capacità di riprodursi senza accoppiarsi. La scoperta di Planchon scisse l'opinione accademica, e mentre il dibattito sull'accertamento delle cause proseguiva, vennero colpite anche Italia, Spagna e Germania. In seguito, la piaga si estese a livello globale.

A salvare il mondo da questa devastante Apocalisse del Vino fu lo stesso Planchon. Scoprì infatti che l'insetto, la fillossera della vite, era giunto dall'America, e osservando che, mentre in Europa esso succhiava linfa vitale dalle radici, oltreoceano si limitava a vivere sulle foglie, ideò la soluzione per contrastare questa irrefrenabile minaccia: innestare viti europee sulle radici di viti americane. Il piano di Planchon ebbe successo, a un passo dal totale disastro.

In questo catastrofico scenario, infatti, alcuni minuscoli vigneti in Francia, Portogallo e Italia riuscirono a sfuggire alla pestilenza, e grazie alla loro sopravvivenza poterono essere ripopolate le colture devastate.

Da una ricerca condotta negli ultimi decenni dal biologo molecolare Rob DeSalle e dall'antropologo Ian Tattersal dell'American Museum of Natural Hystory è emerso come uno di questi vitigni salvatisi – e salvifici – si trovava proprio in Sardegna, e prospera ancora oggi nell'alveo della Cantina Santadi: il celebre Carignano del Sulcis *Rocca Rubia* è prodotto da vigne ad alberello sulla sabbia, mai intaccate dall'insetto giallastro.

Riguardo a questa affascinante e temibile vicenda, iconica è la riflessione del filosofo della scienza George Gale, che sostiene come la battaglia all'insetto sia stata il miglior modello di studio per capire la relazione tra gli uomini e l'invasione di una specie aliena, dimostrando quanto sia sbagliata la convinzione incrollabile di essere invincibili.

DeSalle R., Tattersal I., *Il tempo in una bottiglia. Storia naturale del vino*, Codice, Torino, 2018.

Ferraro L., "I vini sopravvissuti all'apocalisse", in *Corriere della Sera*, 2 gennaio 2015. Link di riferimento: http://divini.corriere.it/2015/01/02/i-vini-sopravvissuti-allapocalisse/

22. Dalla Sardegna alla Luna

Dalla Sardegna alla Luna. Un'epopea ai limiti del fantastico, la cui protagonista indiscussa è la determinazione incrollabile del popolo sardo, che scorre come inesauribile linfa nel sangue dei suoi figli, generazione dopo generazione.

È stato proprio questo spirito di inscalfibile coraggio ad accompagnare nel corso di tutta la sua vita Walter Marty Schirra Jr., pluridecorato aviatore navale americano e astronauta della NASA.

Nel 1959 fu uno dei sette astronauti scelti per il *Progetto Mercury*, il primo tentativo condotto dagli Stati Uniti d'America per portare gli esseri umani nello Spazio.

Il 3 ottobre 1962 fu lui a pilotare la missione *Mercury-Atlas 8* sulla navicella *Sigma 7*, divenendo nel corso di questa missione il quinto americano e nono umano a viaggiare nello Spazio.

Nel dicembre 1965, nel corso del programma *Gemini*, compì il primo *rendez-vous spaziale*, mantenendo la sua navicella, *Gemini 6A*, alla distanza di soli 30 centimetri dalla navicella gemella *Gemini 7*: una manovra di millimetrica precisione, eseguita con competenza assoluta e incredibile sangue freddo.

Nell'ottobre 1968 fu comandante dell'*Apollo 7*, in un test di undici giorni in bassa orbita attorno alla Terra svolto sul modulo *Apollo Command/Service*: il primo lancio con equipaggio – composto di tre uomini – per il programma *Apollo*.

Fu il primo astronauta ad andare nello spazio tre volte, e l'unico ad aver volato in tutti e tre i programmi *Mercury*, *Gemini* e *Apollo*.

In totale, Schirra ha registrato 295 ore e 15 minuti nello Spazio.

Un'autentica leggenda, le cui radici si ramificano salde nell'isola di Sardegna. L'albero genealogico di Walter, infatti, riconduce le sue origini direttamente al paese di Ghilarza, in provincia di Oristano.

Dopo l'Apollo 7, Walter si ritirò come capitano della Marina USA e della NASA, diventando in seguito consulente di *CBS News* nella copertura della rete dei seguenti voli di Apollo, e affiancandosi a Walter Cronkite come *co-anchor* per tutte e sette le missioni di atterraggio sulla Luna della NASA.

Utilizzando il motto latino caro ad autori quali Virgilio e Seneca: *Sic itur per aspera ad astra*, 'Attraverso le difficoltà, fino alle stelle'!

"Walter Schirra", *Wikipedia*. Link di riferimento: https://it.wikipedia.org/wiki/Walter_Schirra.
"Wally Schirra", *Wikipedia*. Link di riferimento: https://en.wikipedia.org/wiki/Wally_Schirra.

23. IN SARDEGNA LA CITTÀ PIÙ ANTICA D'ITALIA

Prima della fondazione dell'*Urbe*, dell'immortale città di Roma (753 a.C.), prima ancora della nascita di Messina (757 a.C.), Palermo e Siracusa (734 a.C.), prima del sorgere delle città di Volterra (725 a.C.), Crotone (710 a.C.), Taranto (706 a.C.), o dell'incantevole Napoli (680 a.C.), già esisteva e prosperava la città più antica d'Italia: Sulki, l'attuale Sant'Antioco, nella provincia del Sud Sardegna.

La conferma è emersa in seguito al ritrovamento nel comune del Sulcis di un'antica anfora, la cui datazione è stata fatta risalire tra il 770 e l'800 a.C., indicando quindi come a quell'epoca, mentre le altre città sopracitate iniziavano a muovere i primi passi nel corso della Storia, questo centro fosse già stabilmente popolato e frequentato, ancora prima, nella stessa isola, di Nora e di Cagliari.

Sulky, Sulci, Solci (in greco antico *Solkoi*) fu una città fenicia, e in seguito punica e romana. Secondo quanto emerso dai ritrovamenti, tuttavia, gli insediamenti più antichi nell'area si riferirebbero alla Cultura di Ozieri (III millennio a.C.), e ne sarebbero testimonianza gli abitati (resti di capanne in Sant'Antioco) e le domus de janas di *Is Pruinis*. La zona ospitò in seguito le popolazioni nuragiche dell'Età del Bronzo, che già controllavano la zona al momento dell'arrivo dei primi mercanti levantini.

La città di Sant'Antioco vanta e custodisce, dunque, salde radici secolari, che la legano all'isola e le conferiscono un ruolo di rilievo nella storia della Sardegna, d'Italia e del Mediterraneo.

"Antica città di Sulki", *Sardegna Turismo*. Link di riferimento: https://www.sardegnaturismo.it/it/esplora/antica-citta-di-sulki.

"Lo sapevate? Sulky, l'odierna Sant'Antioco, è la città più antica d'Italia", *Vistanet*, 26 maggio 2017. Link di riferimento. https://www.vistanet.it/cagliari/2017/05/26/lo-sapevate-sulky-lodierna-santantioco-e-la-citta-piu-antica-ditalia/

"Sulki", *Wikipedia*. Link di riferimento: https://it.wikipedia.org/wiki/Sulki.

24. IN SARDEGNA I BRINDISI PIÙ ANTICHI DEL MEDITERRANEO

Il levarsi dei calici attorno alla tavola imbandita, il loro tintinnio familiare e il caldo abbraccio liquido che dalle labbra si diffonde nella bocca e scorre a incendiare il corpo è un rituale universalmente noto, che affonda le sue radici nella più profonda antichità. Ma a quando risale la compagnia insostituibile del vino nella Storia dell'Uomo?

Secondo le ricerche dell'Università di Cagliari, sarebbe la Sardegna a custodire il vino più antico di tutto il bacino del Mediterraneo, risalente a circa 3.000 anni fa.

Il ritrovamento alla base di questa scoperta è emerso nel corso degli scavi condotti dall'archeologo sardo Giovanni Ugas nel 1993 nella zona di Monte Zara, non distante dal centro abitato di Monastir, paese a pochi chilometri da Cagliari: un antico torchio in pietra che, secondo l'analisi condotta sui resti organici in esso contenuti, risalirebbe al IX secolo a.C.

Lo studio accurato dei residui biologici è stato condotto dalla squadra archeobotanica del Centro Conservazione Biodiversità dell'Università di Cagliari, guidata dal docente Gian Luigi Bacchetta, e dai ricercatori di Chimica degli alimenti, diretti da Pierluigi Caboni, i quali assicurano che le tracce ritrovate nel torchio riconducono a vitigni autoctoni e in particolare a bacca rossa.

I primi produttori di vino del Mediterraneo sarebbero stati dunque proprio i sardi: i nuragici dell'Età del Ferro, che vivevano – e brindavano – nell'Isola tra il 900 e il 750 a.C.

Una tradizione antica, che il popolo sardo ha saputo ampiamente preservare nei millenni, e che non accenna in alcun modo a venir meno. *A chent'annos!* ('A cento anni!', brindisi tipico diffuso in Sardegna.)

Pinna N., "È il vino sardo il più antico del mondo, prove di una specie di Cannonau di quasi tremila anni fa", in *La Stampa*, 10-12-2016. Link di riferimento: https://www.lastampa.it/cronaca/2016/12/10/news/e-il-vino-sardo-il-piu-antico-del-mondo-prove-di-una-specie-di-cannonau-di-quasi-tremila-anni-fa-1.34753986/.

25. Il millenario mistero dello *ziqqurat* sardo

Qualora ci si trovasse a viaggiare nella Nurra, lungo la strada che da Sassari conduce a Porto Torres, potrebbe capitare di rimanere spaesati nel trovarsi davanti a un monumento assolutamente inusuale non solo per l'Isola, ma per l'intero bacino del Mediterraneo: si erge qui, infatti, l'immenso *ziqqurat* di *Monte d'Accoddi*.

Gli *ziqqurat*, o *ziggurat*, sono infatti strutture piramidali con funzioni cultuali e religiose, eretti lungo tutta la Mesopotamia, sull'altopiano iranico e nelle zone dell'odierno Turkmenistan. Per questo motivo è fonte di enorme stupore ritrovare un monumento di questo tipo così lontano dalla sua zona primaria di diffusione.

Il monumento, rinvenuto dall'archeologo sardo Ercole Contu, era parte integrante di un complesso di epoca prenuragica, sviluppatosi a partire dalla seconda metà del IV millennio a.C. e preceduto da tracce di frequentazione riconducibili al Neolitico medio. In una prima fase sarebbero stati eretti nella zona diversi villaggi di capanne quadrangolari, appartenenti alla Cultura di Ozieri, ai quali si ricollegherebbe una necropoli con tombe ipogeiche a domus de janas e un ipotetico santuario con menhir, lastre di pietra per sacrifici e sfere di pietra. In epoche successive, genti sempre appartenenti alla Cultura di Ozieri avrebbero dunque eretto la piattaforma sopraelevata, a forma di tronco di piramide, alla quale si accedeva mediante una rampa. Su tale piattaforma fu quindi eretto un ampio vano rettangolare rivolto verso sud, conosciuto come *Tempio rosso*, laddove la maggior parte delle superfici risultano intonacate e dipinte in color ocra (sono presenti anche tracce di giallo e di nero). Agli inizi del III millennio a.C. la struttura sarebbe stata abbandonata, ipotesi avvalorata dalle numerose tracce di incendi rinvenute. Intorno al 2800 a.C. fu dunque completamente ricoperta da un colossale riempimento, contenuto da un rivestimento esterno in grandi blocchi di calcare: venne creata in questo modo una seconda grande piattaforma troncopiramidale a gradoni, accessibile per mezzo di una seconda rampa, lunga più di quaranta metri, eretta sopra quella più antica. È questo secondo santuario, conosciuto anche come *Tempio a gradoni* e attribuito alla cultura di Abealzu-Filigosa, a ricordare nel suo complesso i contemporanei ziqqurat mesopotamici.

L'edificio conservò in seguito la sua funzione di centro religioso per diversi secoli e venne abbandonato durante il Bronzo antico: intorno al 1800 a.C. doveva ormai presentarsi in rovina, utilizzato saltuariamente per sepolture.

Le ricerche proseguono tutt'oggi inesauste al fine di svelare tutte le sfumature ancora inspiegabili di un mistero archeologico così affascinante: la presenza di un edificio tanto particolare e inusuale nel cuore dell'isola di Sardegna.

Monte d'Accoddi, Wikipedia. Link di riferimento: https://it.wikipedia.org/wiki/Monte_d%27Accoddi

Contu E., "Monte d'Accoddi-Sassari. Problematiche di studio e di ricerca di un singolare monumento preistorico", in *The Deya conference of prehistory: early settlement in the western mediterranean islands and the peripheral areas*, BAR, Oxford, 1984.

Contu E., *L'altare preistorico di Monte d'Accoddi*, Carlo Delfino Editore, Sassari, 2000.

Giurato F., "Sardegna, scoprire l'unica ziqqurat d'Europa", in *La Stampa*, 20 aprile 2018. Link di riferimento: https://www.lastampa.it/2018/04/20/societa/sardegna-scoprire-lunica-ziqqurat-deuropa-9exFvGhVnumNBHZKGuJgXK/pagina.html.

Lilliu G., *La civiltà dei Sardi dal Paleolitico all'età dei nuraghi*, Nuova ERI, Torino, 1988.

26. Tombe ipogeiche
Affascinante primato archeologico dell'Isola

Si definisce ipogeo (dal greco *hypógheios*) una costruzione sotterranea di interesse storico, archeologico e antropologico, realizzata interamente dall'uomo o come riadattamento di cavità naturali.

Gli utilizzi e le finalità di queste strutture possono essere estremamente differenti tra loro, presentando finalità idrauliche (come cisterne, condotte per il controllo delle riserve idriche, fognature o canali, etc.), insediative civili (un esempio classico sono i Sassi di Matera e qualsiasi abitazione sotterranea), militari (come fortificazioni, collegamenti sotterranei, postazioni di sparo, rifugi di guerra, etc.), estrattive (tipicamente cave e miniere), vie di transito (gallerie e tunnel), etc. Da segnalare, inoltre, come una stessa opera, nata con precisi scopi, possa poi assumere funzioni differenti nel corso del tempo.

In Sardegna il maggior numero di strutture ipogeiche è legato a un ulteriore ambito: quello cultuale. Si parla qui delle celebri tombe ipogeiche note con il nome di *domus de janas* ("casa delle fate"). Quest'ultima terminologia è tipica delle zone meridionali dell'Isola, laddove in altre parti esse prendono i nomi di *forrus*, *forreddus*, *concheddas* o *gruttas*.

Tali strutture sepolcrali, caratteristiche delle culture prenuragiche, sono costituite da tombe scavate nella nuda roccia. Dal Neolitico Recente fino all'Età del Bronzo Antico esse caratterizzarono tutte le zone della Sardegna. Secondo alcune fonti, fino a oggi ne sono state scoperte più di 2.400 – circa una ogni chilometro quadrato! –, sia isolate, sia raggruppate in grandi concentrazioni, che possono arrivare a comprendere anche più di quaranta tombe. Tuttavia gli scavi sono costantemente in itinere, e laddove molte rimangono ancora da scavare, si ritiene che molte altre siano ancora da scoprire.

Non è obiettivo delle presenti poche righe approfondire dettagliatamente l'eterogenea e avvincente analisi delle peculiarità delle domus de janas – per la quale si rimanda a trattazioni specifiche –, quanto piuttosto sottolineare un ulteriore primato della Sardegna. Questa tipologia sepolcrale, infatti, non è un'unicità dell'Isola, eppure quest'ultima, secondo la prof.ssa Giuseppa Tanda dell'Università degli Studi di Cagliari, primeggia a livello internazionale per numero di strutture presenti sul territorio.

Un dato archeologico di cui l'Isola può ben farsi vanto, per di più alla luce di un percorso ancora in itinere, che si spera possa condurre un giorno alla realizzazione di un censimento tanto più vasto, quanto finalmente completo.

AA.VV., *Ichnussa. La Sardegna dalle origini all'età classica*, Garzanti, Milano, 1981.

Lilliu G., *La civiltà dei Sardi dal neolitico all'età dei nuraghi*, Edizioni ERI, Torino, 1967.

Tanda G., *Le domus de janas decorate con motivi scolpiti*, vol. I, Condaghes, Cagliari, 2015.

Tanda G., *Nuove tecniche di documentazione e di analisi per una ricostruzione delle società dalla fine del V al III millennio a.C.*, vol. II, Condaghes, Cagliari, 2015.

"Domus de janas", *Wikipedia*. Link di riferimento: https:// it.wikipedia.org/wiki/Domus_de_janas.

"Ipogeo", *Wikipedia*. Link di riferimento: https://it.wikipedia. org/wiki/Ipogeo.

27. La terra che ospita il più grande numero di tofet
Circondato per lungo tempo da false credenze, il tofet è un'area sacra fenicio-punica a cielo aperto in cui venivano deposte le urne cinerarie di bambini.

Nella Bibbia il termine "Tofet" indicava un'area nei pressi di Gerusalemme in cui si credeva venisse praticato il sacrificio di primogeniti di importanti famiglie, immolati alle divinità per assicurarsi la prosperità della comunità. Ma questa diceria era il frutto della propaganda negativa esercitata da ebrei e romani nei confronti di fenici e cartaginesi. Secondo gli archeologi, infatti, in un'epoca di grande mortalità infantile il sacrificio di tante vite umane sarebbe stato irrealistico.

L'analisi del contenuto delle urne – brocche, anfore e pentole – ha dato conferma dalla falsità di questo rito: contenevano resti di bambini nati morti o deceduti per malattie e cause naturali nei primi anni di vita, da 0 a 6 mesi e fino ai 5 anni. Venivano sepolti in questo santuario a prescindere dal ceto di appartenenza.

L'area, circondata da un recinto e dotata di altari, si trovava in una zona separata della necropoli (il luogo riservato alla sepoltura e al culto dei defunti) e periferica rispetto all'abitato. Questo perché i bambini ancora non possedevano un'identità sociale definita e venivano affidati alla divinità perché fossero protetti.

Proprio alle divinità erano dedicate le stele votive di pietra che venivano deposte accanto alle urne. Oltre all'invocazione alla dea Tanit e al dio Baal Hammon, recavano immagini umane, simboliche, e più raramente di animali. In Sardegna fino a oggi ne sono state trovate 1700. Venivano accompagnate da offerte rituali, per lo più animali come agnelli, capretti o volatili.

Le stele rappresentavano, oltreché l'affidamento alla divinità dell'anima dei piccoli defunti, il ringraziamento dei genitori per aver ricevuto il dono di una nuova nascita.

Poiché il tofet si trovava sempre in un'area urbana, identificarlo, per gli archeologi, significava la presenza nelle vicinanze di una città, in cui il tofet occupava, come già detto, una zona periferica.

Questo tipo di santuario era diffuso nelle città fenicio-puniche dell'Africa nord-orientale, come Cartagine e Hadrumetum (l'attuale Susa, in Tunisia). Mentre in Italia erano presenti in Sicilia, a Mozia e Solunto, e in Sardegna: a Tharros (vicino a Oristano), Sulki (oggi Sant'Antioco), con ben 3.000 urne, sul Monte Sirai (vicino a Carbonia), a Karaly, attuale Cagliari, a Nora (Pula) e a Bithia (Domus d Maria).

Come si può notare, la Sardegna è la terra che ne ospita il maggior numero in assoluto ed è il segno della lunga frequentazione di fenici e cartaginesi e della mescolanza di questi popoli con le genti sarde, in un periodo che va dal XIX al III secolo a.C. (anche se i tofet vennero utilizzati fino al I sec a.C.).

Il tofet di Karaly si trova in un'area di grande interesse, sul colle di Tuvixeddu, una della più vaste aree storico-monumentali del Mediterraneo: ospita infatti la più grande necropoli punica al mondo. Diciotto ettari con circa mille tombe a pozzetto utilizzate dal VI al III secolo a.C. e poi nuovamente in epoca romana. Ai piedi del colle si estendeva la città.

"Il rito del tofet", *Sardegna Cultura*. Link di riferimento: https://www.sardegnacultura.it/j/v/258?s=20939&v=2&c=2569&t=7.
"Necropoli di Tuvixeddu", *Sardegna Turismo*. Link di riferimento: https://www.sardegnaturismo.it/it/esplora/necropoli-di-tuvixeddu.
"Tofet", *Mab. Museo archeologico Ferruccio Barreca*. Link di riferimento: https://mabsantantioco.it/tofet/.
"Tofet", *Wikipedia*. Link di riferimento: https://it.wikipedia.org/wiki/Tofet.

28. Pozzi Sacri e Sardegna:
UN INSCINDIBILE PRIMATO MILLENARIO

Il patrimonio archeologico della Sardegna è inesauribile, e laddove i *nuraghi* sono diventati nell'immaginario internazionale il simbolo indiscusso dell'Isola, innumerevoli altre strutture di immenso fascino si offrono tanto allo sguardo analitico degli studiosi quanto a quello stupefatto dei visitatori. Tra queste, una menzione speciale meritano senza dubbio i *pozzi sacri*.

Questa tipologia di monumento è una particolare struttura templare ipogeica destinata durante l'Età del Bronzo al culto delle acque. Si presenta come una costruzione sotterranea, con una camera interna circolare costruita con volta aggettante. Le incredibili complessità e precisione architettoniche di tali strutture rivelano a distanza di millenni tutta l'abilità costruttiva delle antiche popolazioni sarde.

Dietro la definizione di "pozzo sacro", tuttavia, sono spesso indicate anche altre tipologie di strutture, aventi la comune caratteristica di essere state edificate per la conservazione, l'utilizzo e la distribuzione dell'acqua. Per questo motivo un censimento preciso risulta un'impresa assai ardua, e nel tempo il loro numero è stato accresciuto dagli studiosi: dai 50 monumenti classificati da Giovanni Lilliu, ai 66 siti di Maud Webster, ai 76 di Ercole

Contu, ai 119 di Maria Ausilia Fadda, ai 136 di Giovanni Maria Meloni e di Anna Depalmas, sino ai 300 del censimento operato da Massimo Rassu, con studi che arrivano addirittura a catalogarne 400 esemplari.

Per quanto – contrariamente all'opinione comune – i pozzi sacri non siano una specificità tutta sarda (la tipologia di fonte, o pozzo, o cisterna, seminterrati o sotterranei con copertura a cupola, e a cui si accede tramite una scala, era diffusa in tutto il bacino del Mediterraneo), l'Isola detiene un assoluto primato per quanto concerne il numero e la diffusione di tali costruzioni.

Che si spingano verso il cielo, o che si inoltrino nel terreno, le meraviglie archeologiche della Sardegna condividono la stessa grandezza, complessità e bellezza di un patrimonio unico al mondo.

Rassu M., *Pozzi sacri. Architetture preistoriche per il culto delle acque in Sardegna*, Condaghes, Cagliari, 2016.

29. I NURAGHI E LE PLEIADI:
UN MISTERO SCRITTO TRA LE STELLE

L'uomo e le stelle. Sin dagli albori della civiltà e della sua più remota Storia, l'Uomo ha sollevato gli occhi al cielo, cercando nelle sue profondità il contatto con il divino, le proprie origini e la rotta sconosciuta del proprio spirito dopo la Morte. In maniera inscindibile, vi ha trovato tutte le fondamentali indicazioni sui tempi della propria Vita: la durata delle stagioni, il momento della semina e del raccolto, o il giorno propizio per porsi in viaggio. Ma soprattutto, l'Uomo ha trovato nelle stelle il suo bene più prezioso: l'indicazione immutabile e certa per orientarsi nel proprio mondo. Una mappa celeste.

Il mondo si è fermato, attonito, nello scoprire come l'antica popolazione mesoamericana dei maya disponesse sulla Terra le proprie città secondo l'ordine delle costellazioni, in modo da potersi muovere agevolmente su un continente così ampio, e spesso ostile, trovando in ogni momento, nel cielo notturno, la meta dei propri spostamenti. La precisione di questa scelta era capillare: interi corsi d'acqua sono stati spostati con argini litici, melmose paludi sono state bonificate con complessi terrazzamenti, purché il nuovo centro potesse sorgere sulla precisa posizione indicata dalle stelle. A tal punto impiegarono mezzi e nozioni che, millenni dopo, il giovane William Gadoury, un quindicenne canadese, con il semplice utilizzo di Google Earth e della conoscenza di questo sistema dettato dagli antichi, incrociando i dati stellari al territorio dello Yucatan ha potuto scoprire un'intera città Maya ancora sepolta, ricevendo un prestigioso riconoscimento dalla NASA.

Per quanto incredibile, questo offre solo una prima pallida immagine delle conoscenze dei nostri antichi padri sul firmamento. In tutto il globo, popolazioni e culture differenti, distanti tra loro migliaia di chilometri e sorte dagli abissi del Tempo con secoli di distanza, hanno tratto dalle stelle le stesse vitali conoscenze e modellato le medesime pratiche, pur elaborando attraverso esse culti e mitologie differenti. L'esempio più luminoso di questo intreccio tra Culto e Funzione è offerto dalla costellazione delle Pleiadi: *Le sette sorelle dell'operosità* per gli antichi cinesi, *La navetta* per gli egiziani, *La Costellazione per eccellenza* per gli arabi, *Le vecchie mogli* per russi e polacchi, *I piccoli occhi* per gli indigeni tonga, *I Danzatori* per i pellerossa americani, etc. Ciascuno di questi popoli si rivolgeva a queste sette stelle con nomi differenti, eppure esse rivestivano per loro le medesime insostituibili funzioni, pur a distanza di migliaia di chilometri e di anni. Nell'antica Grecia, per esempio, Ippocrate aveva diviso l'anno in quattro stagioni, ciascuna dominata dalla loro posizione: l'inverno iniziava quando il loro tramonto coincideva con l'alba; la primavera iniziava all'equinozio e terminava con il loro sorgere eliaco; l'estate durava fino al sorgere eliaco di Arturo; l'autunno finiva, concludendo il ciclo, con il loro tramonto eliaco. Allo stesso modo, ancora oggi (!) gli indiani papago dell'Arizona basano il loro anno sui medesimi aspetti: il sorgere eliaco del gruppo coincide con la semina, la culminazione all'alba segna la fine della semina, superata la culminazione si inizia il raccolto, nella posizione fra meridiano celeste e orizzonte ovest avviene la caccia al cervo, al tramonto eliaco ha luogo la festa del raccolto.

Culto e Funzione. Culti differenti, medesime funzioni. Oltre ogni confine temporale e geografico.

In questo ampio e variegato scenario planetario, al centro del Mediterraneo riposano le vestigia megalitiche dell'unica cultura che in questi millenni abbia unito questi aspetti in una preziosa testimonianza di pietra, tanto affascinante e misteriosa, quanto incomparabile, precisa e complessa.

Nel territorio di Torralba (SS), il complesso di Santu Antine e i sette nuraghi limitrofi – immense strutture megalitiche a secco – sono stati disposti dall'uomo nuragico per ricalcare sul territorio lo schema astronomico delle Pleiadi. Dinanzi all'incredulità dell'uomo contemporaneo, l'inarrestabile curiosità della ricerca ha condotto l'archeologo Augusto Mulas a questa stupefacente scoperta, avvalorata da uno studio matematico-statistico di Marco Sanna, ingegnere e docente di Discipline Meccaniche, che ha dimostrato come a livello probabilistico la *casualità* di tale disposizione sia pressoché impossibile. Quest'ultima fu quindi una precisa scelta, dimostrata anche dal fatto che intere zone sono state bonificate e trasformate da questo antico popolo per rispettare sulla terra lo schema dettato dal cielo. Culto e, ancora una volta, funzione: nel cuore del Santu Antine, infatti, riposa uno degli osservatori astronomici più antichi dell'intera cultura umana, utilizzato per traguardare i principali moti astronomici e dettare a questo popolo i tempi della vita pratica e spirituale.

Mulas A., *L'isola sacra. Ipotesi sull'utilizzo cultuale dei nuraghi*, Condaghes, Cagliari, 2012.

Mulas A., Sanna M., *In terra come in cielo. I nuraghi e le Pleiadi*, Condaghes, Cagliari, 2014.

30. Un florido business sardo nella Preistoria: l'ossidiana

Alle remote origini degli scambi di beni fra uomini, una delle necessità fondamentali era l'individuazione di merci che rispondessero a bisogni condivisi, che fossero riconosciute di interesse e accettate da entrambe le parti. Le diverse comunità si mossero dunque verso l'introduzione di particolari prodotti che svolgessero funzione di moneta: pietre, pelli, bestiame (da cui il termine *pecunia*, da *pecus*, ovvero 'pecora'), sale (da cui il termine 'salario', da *salarium*), etc.

Tra questi materiali di scambio, un ruolo preponderante tanto all'interno della Sardegna quanto nei contatti con l'esterno fu svolto dall'*ossidiana*. Le caratteristiche di questo vetro vulcanico – la cui formazione è dovuta al rapidissimo raffreddamento della lava –, quali omogeneità, durezza, lavorabilità, erano apprezzate e ricercate sin dall'Età della Pietra, laddove erano declinate nella creazione di utensili e di strumenti di utilizzo quotidiano, di armi precise e letali, o anche semplicemente di monili e ornamenti.

All'interno di questo scenario, l'Isola si trovava a ospitare uno dei più importanti centri di estrazione e di lavorazione di ossidiana all'interno dell'intero bacino del Mediterraneo, giacimento localizzato nel complesso vulcanico di Monte Arci (provincia di Oristano).

Per mezzo dello studio della "firma composizionale" di questo materiale, che si conserva nel tempo senza alterazioni, i ricercatori sono riusciti a seguire i percorsi affrontati nel tempo dai reperti rivenuti, localizzandone la provenienza e tracciando le rotte di contatto tra le diverse comunità preistoriche. Emerge dunque come l'ossidiana sarda fosse utilizzata e diffusa già dal 5.000 a.C., non solo all'interno dell'Isola, quanto anche in Corsica, nelle attuali Toscana e Liguria, nella fascia adriatica e a nord del Po, così come anche in Provenza e in Catalogna.

Insomma, la Sardegna doveva rivestire all'epoca un importante primato produttivo di una merce di fondamentale interesse commerciale, ponendosi al centro di un sistema di scambi che si estendeva ben oltre i confini dell'Isola.

MACCIONI A., *101 Perché sulla Storia della Sardegna che non puoi non sapere*, Newton Compton Editori, Roma, 2017, pp. 40-41.
"Ossidiana", *Wikipedia*. Link di riferimento: https://it.wikipedia.org/wiki/Ossidiana.

31. Un florido business sardo nella Preistoria:
il bronzo

Il ruolo predominante dell'ossidiana sarda nei commerci tanto interni quanto ampiamente e variamente esterni all'Isola durante l'Età della Pietra si affievolì nello scorrere delle epoche umane al sopraggiungere dell'estrazione e della lavorazione del rame, che si attesterà come principale e ricercata merce di scambio.

Tuttavia, in questo nuovo scenario, la Sardegna, interprete attenta e protagonista delle trasformazioni in corso nella Storia dell'Uomo, non perse la sua centralità, mantenendo la sua predominanza in una nuova veste, come prezioso centro di prelievo e di diffusione dello stesso rame.

Un recente studio svedese svolto su settantuno manufatti di bronzo risalenti all'Età del Bronzo Nordico (principalmente in forma di asce, spade e scudi) e provenienti da siti archeologici svedesi ha permesso di ampliare e approfondire la comprensione della vastità delle rotte percorse dal metallo estratto in terra sarda. I manufatti analizzati sono stati infatti datati in diversi periodi dell'Età del Bronzo Nordico, e laddove precedenti ricerche avevano dimostrato come gli stessi fossero stati realizzati con rame non proveniente dalla penisola scandinava, il nuovo studio, condotto con la metodologia dell'analisi degli isotopi del piombo, ha indicato come la maggior parte fra essi sia stato creato con rame proveniente proprio dalla Sardegna e dall'Iberia. Solo una minima parte dei reperti ha rivelato rame di altre origini (Isole Britanniche, Cipro, Germania e Tirolo austriaco).

La predominanza del rame sardo si rivela in particolar modo nei reperti risalenti al secondo periodo dell'Età del Bronzo Nordico, contestualizzabile tra il 1500 e il 1300 a.C.

Questi risultati offrono dunque alla ricerca nuove prospettive sui traffici di rame e stagno durante l'Età del Bronzo, presentando ancora una volta una Sardegna per la quale il concetto di *isola* va slegato totalmente, definitivamente e irrevocabilmente da quello di *isolamento*.

Ling, J., Stos-Gale, Z., Grandin, L., Billström, K., Hjärthner-Holdar, E., Persson, P.-O., "Moving metals II: provenancing Scandinavian Bronze Age artefacts by lead isotope and elemental analyses," in *Journal of Archaeological Science*, n. 41, 2013, pp. 106-132.

"Rame sardo nel Bronzo scandinavo", *Ostraka. Forum di archeologia*. Link di riferimento: https://ostraka.forumfree.it/?t=66704353.

32. Domus de janas di Luzzanas: un labirinto di teorie... su un labirinto!

Dalla profondità misteriosa dei tempi più remoti, la dimensione del labirinto ha sempre stimolato, attratto, ipnotizzato l'immaginario dell'Uomo, esprimendosi nelle sue rappresentazioni artistiche, rituali, letterarie e immaginifiche, in epoche, luoghi e culture tra loro immensamente distanti. Una vastissima e multiforme iconografia, che dal periodo preistorico giunge fino al mondo contemporaneo, testimonia oggi quello che potremmo definire *labirinto del labirinto*, un percorso indecifrabile che si dipana tortuoso nei meandri ancestrali della storia umana.

In questo affascinante cammino, un posto di rilievo è occupato dal ben noto labirinto della domus de janas di Luzzanas, presso Benetutti (provincia di Sassari). Inciso sulla parete di una tomba ipogeica preistorica, ha stimolato innumerevoli studi e acceso un irrisolto dibattito accademico: secondo alcuni studiosi, infatti, questa rappresentazione, alla luce dell'età della tomba che la ospita, potrebbe avere ben seimila anni, risultando in tal caso uno dei labirinti più antichi mai scoperti al mondo. Una differente fazione di esperti sostiene invece che il labirinto non sia preistorico, ma sia stato inciso in epoche successive. Riguardo alla datazione, dunque, le opinioni sono differenti: alcuni lo collocano nel VII secolo a.C., altri in epoca romana, altri ancora vi leggono un'origine medievale.

Insomma, sembra che la ricerca stessa si sia smarrita tra le intricate diramazioni di questo stesso labirinto. Eppure, la preoccupazione maggiore è che questa preziosa testimonianza possa sparire prima ancora che si giunga a intravedere l'agognata uscita dai meandri del suo mistero: la domus de janas di Luzzanas, infatti, risulta attualmente molto danneggiata. La pesante roccia della volta è gravemente incrinata e un possibile crollo – la cui prospettiva sta diventando inesorabilmente irrimediabile – danneggerebbe fatalmente questa inestimabile testimonianza tanto della storia sarda quanto di quella umana.

La speranza, dunque, è che questo enigmatico labirinto non debba cedere il posto, nell'identità dell'Isola, a un irrisolto e kafkiano labirinto burocratico.

Bellu F., "A Benetutti il mistero irrisolto del labirinto a forma di spirale", in *La Nuova Sardegna* (Edizione Sassari), 25 giugno 2012. Link di riferimento: http://www.lanuovasardegna.it/regione/2012/06/25/news/a-benetutti-il-mistero-irrisolto-del-labirinto-a-forma-di-spirale-1.5315857.

33. La Sardegna, locomotiva del patrimonio archeologico italiano

Il patrimonio archeologico della Sardegna è un tesoro millenario di immenso valore, ancestrale testimone litico della Storia dell'Uomo, guardiano di una memoria che affonda e ramifica le sue radici assai oltre i confini della stessa Isola.

Per comprendere la vastità delle sue ricchezze sia sufficiente un semplice dato quantitativo: secondo le cifre fornite dal rapporto pubblico Istat (riferite al 2017) relativo ai siti museali e al patrimonio culturale nazionale, un quinto delle aree e dei parchi archeologici d'Italia si trova in Sardegna. Su 206 aree e 81 parchi archeologici censiti in tutta la nazione, ben 54 sono localizzati nel territorio sardo. La Sardegna ospita esattamente il 18,4% del patrimonio complessivo nazionale, attestandosi pienamente al primo posto. A seguire, si trova il Lazio con l'11,9%, seguito da Sicilia (10,2%), da Campania e Lombardia (7,1%). Il restante 45% è dislocato tra le altre Regioni.

Sfortunatamente, il dato quantitativo non corrisponde al grado di tutela, salvaguardia e valorizzazione di questo inestimabile patrimonio: un primato differente, verso il quale si spera che la Sardegna, tanto nelle sue istituzioni quanto nel suo popolo tutto, muova finalmente un percorso concreto e duraturo di conquista.

"Siti archeologici, Sardegna da record: Isola prima in Italia, ne ospita un quinto", in *Sardinia Post*, 31 gennaio 2019. Link di riferimento: https://www.sardiniapost.it/cronaca/ siti-archeologici-sardegna-da-record-isola-prima-in-italia- ne-ospita-un-quinto/?fbclid=IwAR1kxKHD4fVxdoJ_9Tx6 dz4-aWvUAwu-VXDZ9NiloM7y8ywcjyGeruyPfes.

34. Radio Sardegna: la prima al mondo
ad annunciare la fine della guerra

«*La guerra* è finita! A voi che ci ascoltate, *la guerra è finita!*»

È il 7 maggio del 1945, sono da poco passate le 14:00. A dare la notizia che milioni di persone attendono è una piccola emittente di Cagliari, Radio Sardegna. Verrà sentita in tutta Italia e in molti paesi dell'Europa, compresa l'Olanda.

Fu la prima al mondo a comunicare la fine della Seconda guerra mondiale, prima ancora di Radio Londra, che farà l'annuncio solo venti minuti dopo, e Radio Roma, che lo comunicherà alle 8 di sera.

Il merito di questo primato è del radiotecnico emiliano Quintino Ralli, inviato dall'esercito in Sardegna nel 1943. Grande appassionato di radio, si era interessato alle strumentazioni degli aerei americani abbattuti. Tra queste, aveva chiesto il permesso di utilizzare delle cuffie usate dagli alleati per captare i segnali. Fu così che intercettò una frase pronunciata da due soldati francesi di stanza ad Algeri che stavano comunicando attraverso una radio militare.

La Guerra volgeva al termine: i tedeschi si erano ritirati dal Nord Italia, Berlino era caduta in mano ai sovietici. Ma tra le macerie e la paura, si attendeva l'ufficialità della notizia tanto agognata. L'indiscrezione che la notte tra il 6 e il 7 maggio il Capo di stato maggiore Alfred Jodl aveva firmato la resa tedesca cominciò a filtrare dall'alba negli ambienti militari.

Fu così che la intercettò il tecnico Ralli, che subito avvisò il direttore di Radio Sardegna, Amerigo Gomez, il quale, dopo aver ascoltato egli stesso la comunicazione tra i francesi, si fiondò nella cabina di trasmissione e qui, insieme all'annunciatore Antonello Muroni, con voce rotta dall'emozione diede la notizia.

Radio Libera era nata due anni prima in un piccolo paese al centro del Marghine, Bortigali – i bombardamenti su Cagliari avevano costretto la popolazione a rifugiarsi nell'interno –, per volere del Comando delle forze armate: «Radio Sardegna si propone, mediante i propri notiziari, di integrare l'opera della stampa quotidiana dell'Isola. Libera da qualsiasi influenza straniera, Radio Sardegna, autentica voce d'Italia, [ha] uno scopo di assistenza morale, farà giungere in continente la propria voce trasmettendo regolarmente notizie di militari e civili in stanza in Sardegna alle rispettive famiglie».

Dopo l'arrivo degli americani, nel 1944, la radio si trasferì a Cagliari, da dove trasmise la notizia che teneva il mondo col fiato sospeso.

Radio Sardegna ripeterà l'annuncio ogni dieci minuti, arricchendolo man mano di nuovi dettagli.

L'annunciatore Antonello Muroni ricorderà così quelle ore indimenticabili per la Storia:

«Mi sentii preso per le spalle e trascinato nello studio dal direttore, Amerigo Gomez, il quale urlava: "La guerra è finita. Vieni con me al microfono, dobbiamo dare la notizia". Io […] ero emozionatissimo, tremavo. [...] Il tecnico sospese la trasmissione di musica e ci diede la linea. Cominciò Gomez e poi, dopo un po', mi trovai anch'io coinvolto nella conversazione. […] Ricordo che piangevamo tutti e due per la gioia e per l'emozione e parlammo per circa un'ora. Più di una volta gridammo: "La guerra è finita! A voi che ci ascoltate, la guerra è finita!"».

Cannas R., (a cura di), *Radio Brada. 8 settembre 1943 : dalla Sardegna la prima voce dell'Italia libera*, Rai-Eri, 2004.

Indelicato M., "'La guerra è finita'. Così un italiano fece gioire per primo il mondo", in *Insidover*, 07 maggio 2021. Link di riferimento: https://it.insideover.com/storia/guerra-mondiale-radio-sardegna-prima-mondo.html.

"Radio Sardegna", *Wikipedia*. Link di riferimento: https://it.wikipedia.org/wiki/Radio_Sardegna#CITEREFRadio_Brada.

03⍟80

NATURA E SCIENZE

35. Ichnusaite e Nuragheite:
in Sardegna due composti unici nel pianeta

Talvolta la Scienza compie enormi progressi grazie a scoperte che a un occhio inesperto possono apparire infinitesimali: composti nuovi e mai analizzati, rinvenuti in quantità minime in luoghi fino a quel momento impensabili, per la loro unicità diventano il centro di studi e approfondimenti mirati.

In quest'ottica, la Sardegna custodisce due tra i composti più rari al mondo, l'*ichnusaite* e la *nuragheite*, i quali, alla luce della loro peculiarità, prendono appunto il loro nome da termini tradizionali della cultura sarda: *Ichnusa*, l'antico nome dell'Isola, e *Nuraghe*, la struttura megalitica unicamente sarda che caratterizza il paesaggio archeologico dell'Isola.

L'*Ichnusaite* è un molibdato attinide: la sua formula bruta è Th(MoO4)2·3H2O. Venne scoperta nel 2013 a *Su Seinargiu*, presso Sarroch. I cristalli si presentano tabulari, incolori e sottili, lunghi fino a 200 micron, associati a muscovite, xenotime-(Y), e nuragheite (Th(MoO4)2 · H2O). Il luster è perlato adamantino. L'ichnusaite è fragile, con una perfetta scissione. I fogli successivi sono tenuti attraverso legami idrogeno.

La *Nuragheite* è un molibdato attinide. La sua formula bruta è Th(MoO4)2·H2O. Successivamente all'ichnusaite, è il secondo minerale di Torio e Molibdeno ritrovato presso *Su Seinargiu* (Sarroch). I suoi cristalli sono tabulari incolori e sottili lunghi fino a 200 micron, associati a muscovite, xenotime-(Y), e ichnusaite (Th(MoO4)2·3H2O). Le caratteristiche sono estremamente simili a quelle dell'ichnusaite, e il luster è perlato adamantino. Anch'essa è fragile, con una perfetta scissione.

A causa della piccola quantità dei materiali ritrovati e dunque disponibili, e alla luce della loro stretta associazione reciproca, la loro densità e le relative proprietà ottiche non sono note.

La scoperta tanto dell'ichnusaite quanto della nuragheite ha condotto a una nuova comprensione della cristallochimica dei molibdati attinidi, che possono formarsi durante l'alterazione del combustibile nucleare esaurito e influenzare il rilascio di radionuclidi in condizioni stoccaggio.

ORLANDI, P., BIAGIONI, C., BINDI, L. (2013), *Nuragheite*, IMA 2013-088. CNMNC Newsletter n. 18, dicembre 2013, p. 3255; *Mineralogical Magazine*, n. 77, 3249-3258.

ORLANDI, P., BIAGIONI, C., BINDI, L., NESTOLA, F. (2013), *Ichnusaite*, IMA 2013-087. CNMNC Newsletter n. 18, dicembre 2013, p. 3255; *Mineralogical Magazine*, n. 77, 3249-3258.

"Ichnusaite", *Wikipedia*. Link di riferimento: https://it.wikipedia.org/wiki/Ichnusaite.

"Nuragheite", *Wikipedia*. Link di riferimento: https://it.wikipedia.org/wiki/Nuragheite.

36. *Su Gorropu*: il canyon più profondo d'Italia (e tra i più profondi d'Europa!)

La gola di *Gorropu* ('gola' in lingua sarda) è un immenso e profondo canyon ubicato nella regione del Supramonte, nell'isola di Sardegna, sul confine tra i comuni di Orgosolo e Urzulei. La gola ha avuto origine grazie alla lunga e intensa azione di erosione delle acque del Rio Flumineddu.

La gola di Gorropu si estende in altezza per circa 500 metri, presentando una larghezza che varia dai 4 metri, nei punti più stretti, fino ad alcune decine di metri in altre sezioni. È riconosciuto come il canyon più profondo d'Italia, nonché uno dei più profondi d'Europa.

Uno spettacolo naturale di sublime bellezza attende tutti coloro che vogliano avventurarsi alla scoperta di questo gigante, orgoglio dell'Isola.

Carmignani L., *Geologia della Sardegna. Memorie Descrittive della Carta Geologica d'Italia*, vol. LX, Servizio Geologico d'Italia, Roma, 2001.

Conca C., *Il top del trekking in Sardegna*, Edizioni Segnavia, Sassari, 2014.

Morandini M., Cuccuru S., "Supramonte di Urzulei e Dorgali. Gola di Gorroppu", in *Cascate e gole in Sardegna*, GEOS, Cagliari, 1999.

37. In Sardegna percorsi sotterranei da record

Recenti scoperte nell'ambito delle scienze geologiche consacrano la Sardegna come la regione con il più grande sistema sotterraneo naturale d'Italia: un nuovo primato nazionale per l'Isola.

Alla luce di recenti esplorazioni speleologiche è infatti emerso come il sistema carsico delle grotte del Bue Marino, sito a due passi da Cala Gonone, sia raccordato alle grotte di Codula Ilune, estendendosi pertanto per ben 70 chilometri! Un complesso carsico che si inoltra e si sviluppa nelle profonde viscere della terra, alternando stretti cunicoli claustrofobici ad ampie sale mozzafiato.

Allo stesso modo detentrice di un interessante primato affine è la *Grotta di San Giovanni*, sita in territorio di Domusnovas (provincia del Sud Sardegna): una cavità carsica – ovvero generata dall'erosione dovuta allo scorrimento di un fiume sotterraneo – che passa attraverso la massa calcarea del *Monte Acqua*, dando vita a una delle gallerie naturali più lunghe d'Europa.

La peculiarità della grotta, al di là delle splendide concrezioni di vario genere presenti al suo interno, è di essere la cavità naturale transitabile più grande del mondo, interamente percorribile su strada: un percorso asfaltato lungo ben 850 metri, voluto nel XIX secolo da un nobile che desiderava agevolare in tal modo il trasporto di materiale dalla vicina miniera di Sa Duchessa.

Di grotte simili ne esistono solo altre due su tutto il pianeta: una in Francia (la *Grotte du Mas-d'Azil*, nei Pirenei) e una in Australia (nel *Grand Arch* delle *Jenolan Caves*, a Oberon).

Attualmente la strada non è più aperta al traffico: con provvedimento dell'Assessorato alla Difesa dell'Ambiente della Regione Autonoma della Sardegna, è stata infatti riconosciuta monumento naturale e, come tale, è sottoposta a vincolo per la sua salvaguardia.

È tuttavia percorribile a piedi, grazie a un moderno sistema di illuminazione, e le spettacolari pareti rocciose nelle quali si originano i due ingressi sono frequentatissime da arrampicatori sportivi provenienti da tutto il mondo. Oltre alla cavità percorsa dalla strada, la grotta presenta inoltre ulteriori diramazioni, accessibili solo a speleologi professionisti, con gallerie, cunicoli, laghetti sotterranei e sifoni.

Ancora una volta la Sardegna schiude il suo tesoro di meraviglie nascoste, offrendo al mondo perle di incredibile meraviglia.

Polastri M., "Le grotte più estese d'Italia sono state scoperte in Sardegna", *Sardegna Sotterranea*, 14 novembre 2018. Link di riferimento: http://www.sardegnasotterranea.org/le-grotte-piu-estese-ditalia-sono-state-scoperte-in-sardegna/.
Grotta San Giovanni. Link di riferimento: https://www.grotta-sangiovanni.com/.
"Grotta San Giovanni", *Sardegna Turismo*. Link di riferimento: https://www.sardegnaturismo.it/it/esplora/san-giovanni-0.

38. Un antenato della giraffa a spasso nell'Isola?

Nonostante il caldo torrido di alcune estati, e la puntuale ironia popolare che nasce dalle elevate temperature, difficilmente si potranno mai osservare una giraffa o un okapi al pascolo nelle terre sarde. Eppure i resti fossili rinvenuti nelle zone di Oschiri (provincia di Olbia-Tempio) e Laerru (provincia di Sassari) ci raccontano come, affondando lo sguardo nei millenni evolutivi, è proprio qui che si sarebbe potuta osservare la *sardomerice*, un mammifero artiodattilo vissuto nel Miocene inferiore (Burdigaliano, circa 20-16 milioni di anni fa); un "giraffomorfo" endemico che si estinse senza lasciare discendenti, ma il cui ascendente diretto, il *Bedenomeryx*, rappresenta il progenitore di una linea evolutiva da cui derivano le attuali creature citate in apertura. La sardomerice (*Sardomeryx oschiriensis*) è attualmente il più antico ruminante insulare al mondo di cui si abbia conoscenza.

Mennecart B., Zoboli D., Costeur L.; Pillola G.L., "On the systematic position of the oldest insular ruminant Sardomeryx oschiriensis (Mammalia, Ruminantia) and the early evolution of the Giraffomorpha", in *Journal of Systematic Palaeontology*, n. 17.8, 2019, pp. 691-704.

Van der Meade J., "New endemic large mammals from the Lower Miocene of Oschiri (Sardinia): Observations on evolution in insular environment", in *Quaternary International*, n. 182.1, 2008, pp. 116-135.
"Sardomeryx oschiriensis", *Wikipedia*. Link di riferimento: https://it.wikipedia.org/wiki/Sardomeryx_oschiriensis.

39. Benvenuti al… *Permian Park!*

La storia del Cinema ha modellato nei decenni il nostro modo di immaginare il passato, e quando si parla di *dinosauri* uno dei primi pensieri non può che andare agli scenari mozzafiato dell'isola di *Jurassic Park*, con gli antichi padroni del pianeta protagonisti indiscussi dell'intramontabile pellicola.

Eppure, per ammirare le vestigia preistoriche di tali creature, è a quanto pare possibile rivolgersi a un'altra isola, assai più vicina e a noi nota: la Sardegna. Qui, nei depositi della Formazione di *Cala del Vino*, sul promontorio di Torre del Porticciolo, ad Alghero, i paleontologi hanno infatti rinvenuto un esemplare unico di *Alierasaurus ronchii*, una sorta di proto-dinosauro erbivoro vissuto nel Paleozoico, più precisamente nel Permiano medio, circa 270 milioni di anni fa (ben prima dunque dell'era di riferimento del lungometraggio sopracitato, che avrà inizio circa 80 milioni di anni dopo).

La scoperta è stata compiuta da un gruppo di ricercatori dell'Università di Pavia e della Sapienza di Roma. L'esemplare ritrovato, affine al genere *Cotylorhynchus*, è il primo grande vertebrato paleozoico che viene scoperto in Italia. Con una lunghezza di circa 4 metri, faceva parte della famiglia dei *caseidi* – rettili erbivori simili agli attuali ippopotami –, della classe dei *sinapsidi*, da cui si sarebbero poi evoluti molti milioni di anni dopo i mammiferi.

Questa scoperta assume ancora maggiore importanza laddove conferma l'ipotesi di una continuità terrestre tra il Nord America e il continente europeo che, durante il Permiano, avrebbe permesso la migrazione di questi grandi animali. Durante il Paleozoico, 270 milioni di anni fa, Sardegna e Corsica erano infatti ancora saldate alle coste provenzali, ma a partire dall'Oligocene, circa 30 milioni di anni fa, la micro-placca continentale costituita dalle due grandi isole avrebbe iniziato a separarsi dalla placca europea, e ruotando verso est avrebbe raggiunto la posizione attuale circa 16 milioni di anni di anni fa.

Citando il capolavoro cinematografico: «Benvenuti al *Jurassic Park*!»… *pardon*, al *Permian Park*!

"Dinosauro fossile «americano» trovato ad Alghero", in *La Nuova Sardegna*, 30 dicembre 2011. Link di riferimento: http://www.lanuovasardegna.it/regione/2011/12/30/news/ dinosauro-fossile-americano-trovato-ad-alghero-1.3625943.

40. L'INCREDIBILE LONGEVITÀ DI UN OLIVETO MEDIEVALE

Nel gustare i più diversi e saporiti prodotti della terra, alcuni sulle tavole dell'Uomo da millenni, raramente capita di fermarsi un istante a chiedersi da quanto tempo l'albero da cui abbiamo colto i frutti del nostro pasto si erga a sfidare lo scorrere delle epoche.

Ci sarebbe dunque da rimanere stupefatti nello scoprire che presso Villamassargia (provincia del Sud Sardegna) è tutt'oggi possibile passeggiare a *S'Ortu Mannu*, un'area nella quale vivono e danno frutto settecento ulivi ultrasecolari, piantati addirittura nel Medioevo. Questo uliveto da record si estende in un terreno di circa tredici ettari, ai piedi del celebre castello di Gioiosa Guardia. Questi ulivi secolari furono innestati fra il 1300 e il 1600, e l'intricata nodosità dei loro tronchi, così come la loro folta chioma verdeggiante, testimoniano in maniera inconfutabile la loro vetusta età. Fra questi ulivi primeggia per maestosità *Sa Reina* ('La Regina'), con un fusto dalla circonferenza di ben sedici metri, uno stupefacente monumento della Natura e della Storia.

A impiantare per primi questi alberi furono i monaci benedettini, che in epoca medievale crearono il primo nucleo dell'orto. Secoli dopo, l'uliveto è oggi un parco naturalistico e quasi ogni famiglia del paese ne cura e custodisce un esemplare, identificato con delle lettere poste sui tronchi a indicare le iniziali del capofamiglia. Un vero e proprio… albero genealogico!

"Lo sapevate? A Villamassargia si trova S'Ortu Mannu, un'area con 700 ulivi ultrasecolari piantati nel Medioevo", *Vistanet*, 19 ottobre 2017. Link di riferimento: https://www.vistanet.it/cagliari/2019/09/07/lo-sapevate-a-villamassargia-si-trova-sortu-mannu-un-terreno-con-700-ulivi-ultrasecolari-pianta-ti-nel-medioevo/.

41. La Sardegna: inferno degli aracnofobici
e paradiso degli ofidiofobici

Un ragno che gli studiosi consideravano ormai estinto è stato riscoperto in Sardegna: si tratta della *Malmignatta Latrodectus tredecimguttatus*, una specie nota anche come *Vedova nera mediterranea*, conosciuta e temuta dai sardi con il nome di *Argia*. Parente della letale *Vedova nera americana* (*Latrodectus Mactans*), appartiene alla famiglia *Theridiidae*, ed è una delle poche specie in Italia (insieme alla *Loxosceles Rufescens*) il cui morso può creare un serio pericolo per l'uomo.

Il suo veleno, contenente una potente tossina chiamata *Latrotossina*, è di tipo neuro-tossico, e colpisce il sistema nervoso passando attraverso il sistema linfatico. Il suo morso, alla luce del rapporto tra quantità di veleno e massa corporea, risulta più pericoloso per i bambini e per gli anziani, quanto per gli adulti indeboliti da malattie al momento del morso.

A risultare potenzialmente più pericolosa è la femmina adulta: il suo morso non provoca immediato dolore, ma gli effetti possono manifestarsi già nei primi quindici minuti, attraverso sudorazione, nausea, conati di vomito, febbre, cefalea, forti crampi addominali e, nei casi più gravi, con la perdita dei sensi e talvolta la morte, per quanto quest'ultimo caso sia tuttavia estremamente raro.

In Sardegna, secondo la tradizione popolare, la persona morsa da questo ragno era afflitta da una possessione demoniaca: per guarirla e liberarla era necessario eseguire una danza, detta appunto *su Ballu de s'Arza* ('il ballo dell'Argia'), che andava eseguita intorno alla vittima, posta in una fossa e ricoperta di letame fino al collo. Le danzatrici previste erano ventun donne, divise in nubili, maritate e vedove: si sconsiglia comunque, a tutti coloro in cerca dell'anima gemella, di andare a caccia del morso di questo ragno!

Ma se la Sardegna nasconde insidie terrificanti per gli aracnofobici, gli ofidiofobici possono invece tirare un confortante respiro di sollievo. Una consapevolezza non da poco, dal momento che, secondo le indagini condotte dall'azienda *YouGov UK*, l'*ofidiofobia* (paura dei serpenti) si attesta a pieno titolo sul podio delle paure più diffuse, seconda solo al primato indiscusso dell'*acrofobia* (paura delle altezze). Tutti coloro che ne soffrono possono però guardare alla Sardegna come un'oasi di maggiore serenità, laddove nell'Isola non sono presenti serpenti velenosi, quali, in primis, la temutissima *vipera*. Le cause di questa assenza sono da cercare nei profondi meandri della storia della Terra: la Sardegna si separò infatti dal continente europeo circa 25-28 milioni di anni fa, in seguito al distacco della microplacca sardo-corsa, mentre i viperidi giunsero in Europa, dall'Asia, in tempi più recenti.

La separazione imposta dal mare impedì in tal modo la colonizzazione della Sardegna e della Corsica. In realtà, per mezzo di un collegamento con l'Africa, pare che l'Isola sia stata colonizzata almeno due volte dai viperidi: 20 milioni di anni fa e in seguito circa 8 milioni di anni fa; tuttavia, trattandosi di specie abituate ad ambienti molto caldi, si estinsero al sopraggiungere di epoche più fredde.

Una notizia positiva per tutti gli ofidiofobici. E, in fondo, non solo per loro!

"Le 13 fobie più diffuse tra le persone", in *La Stampa*, 26 marzo 2014. Link di riferimento: https://www.lastampa.it/2014/03/26/scienza/le-fobie-pi-diffuse-tra-le-persone-T58Q3UHPot9JfoiKS3aFIL/pagina.html.

"Lo sapevate? Sino a qualche anno fa si pensava fosse estinto ma è riapparso: si tratta dell'unico ragno velenoso in Sardegna", *Vistanet*, 4 ottobre 2017. Link di riferimento: https://www.vistanet.it/2017/10/04/rep-lo-sapevate-sino-qualche-anno-si-pensava-fosse-estinto-riapparso-si-tratta-dellunico-ragno-velenoso-sardegna/.

"Ofidiofobia", *Wikipedia*. Link di riferimento: https://it.wikipedia.org/wiki/Ofidiofobia.

"Perché in Sardegna non ci sono vipere?", *Focus Scienza*. Link di riferimento: https://www.focus.it/ambiente/animali/perche-in-sardegna-non-ci-sono-vipere.

42. Lungo le coste più estese del Mediterraneo

La Sardegna, con i suoi 24.090 km², non è la più grande tra le Regioni italiane, per quanto con la sua estensione si attesti al terzo posto, dopo la Sicilia (25.703 km²) e il Piemonte (25.400 km²). Si evince dunque come non sia allo stesso modo la più grande tra le isole italiane o del Mediterraneo: in quest'ultimo caso si attesta al secondo posto.

Tuttavia, la Sardegna detiene un importante primato, laddove può vantare ben 1.849 km di costa, su una totalità di livello nazionale che ammonta a 7.456 km: circa il 25% delle coste italiane sono sarde!

Grazie alla sua conformazione più frastagliata, nonostante un'estensione complessiva minore, la lunghezza delle sue coste supera dunque anche quella della Sicilia (1.639 km), presentandosi quindi come l'isola dalle coste più estese di tutto il bacino mediterraneo.

Al di là delle ben note e inconfondibili spiagge, le coste della Sardegna custodiscono però un ulteriore prezioso patrimonio. Una particolare caratteristica ecologica del paesaggio dell'Isola, infatti, è l'ampia presenza di lagune e stagni costieri, che raggiungono complessivamente l'incredibile estensione di 12.000 ettari, ai primi posti in Europa per vastità. Volendo citare alcuni esempi, i più importanti stagni della Sardegna risultano essere, in ordine di grandezza: lo stagno di Cabras (19,5 km²), lo stagno di Santa Gilla (15 km²), lo stagno di Santa Giusta (8 km²), la laguna di Mistras (3,9 km²), lo stagno di San Giovanni (3,26 km²), lo stagno di Porto Pino (3,4 km²), lo stagno di San Teodoro (2,3 km²), lo stagno di Tortolì (2,2 km²), lo stagno di S'Ena Arrubia (1,43 km²), la laguna di Boi Cerbus (1,7 km²), lo stagno di Cugnana (1,2 km²), lo stagno di Pilo (1,19 km²), lo stagno di Colostrai (1,1 km²) e lo stagno di Is Benas (1,1 km²). La visita di queste immense aree regala immancabili spettacoli mozzafiato: si presentano infatti come l'habitat perfetto di numerose specie di uccelli acquatici, stanziali e di passo, tra le quali il fenicottero rosa (*Phoenicopterus roseus*) è sicuramente quella più nota.

Più che comprensibile, dunque, la proverbiale indecisione estiva – tanto degli autoctoni sardi quanto dei turisti – su dove trascorrere la giornata sulle coste sarde!

Agenzia Regionale LAORE Sardegna, "Stagni e lagune produttive della Sardegna. Tradizioni, sapori e ambiente", *Regione Sardegna*, 2014. Link di riferimento: http://www.sardegnaagricoltura.it/documenti/14_43_20140613123850.pdf.

"Isole del Mar Mediterraneo", *Wikipedia*. Link di riferimento: https://it.wikipedia.org/wiki/Isole_del_mar_Mediterraneo.

"Lo sapevate? La Sardegna è la regione italiana con più km di costa", *Vistanet*, 6 luglio 2018. Link di riferimento: https://www.vistanet.it/cagliari/2018/07/06/lo-sapevate-la-sardegna-e-la-regione-italiana-con-piu-km-di-costa-mare/.

"Sardegna", *Wikipedia*. Link di riferimento: https://it.wikipedia.org/wiki/Sardegna.

43. Un'Isola di isole

Proprio per via della lunghezza delle sue coste, la Sardegna detiene un altro primato: è la regione italiana ad avere più isole! Lo ha stabilito l'associazione italiana di radioamatori ARI. Per il censimento del 2022 sono state considerate valide isole, scogli, faraglioni e in generale «qualunque pezzo di terra, sabbia o roccia che emerga dall'acqua in qualunque momento del giorno, a prescindere dalle condizioni di alta o bassa marea».

In Italia sono state contate in totale 776 isole, di cui 227 in Sardegna, che si mostra quindi la regione più rappresentata. Le più vaste sono Sant'Antioco, Asinara e San Pietro. Per quanto riguarda la distribuzione per zona, l'Arcipelago de La Maddalena conta 65 isole/isolette; la Gallura (e qui va però considerato un territorio più ampio) 74; 14 si trovano tra il Nuorese e l'Ogliastra, 17 nel Sassarese, 12 tra Campidano e Planargia e 45 nel Gerrei e nel Sulcis.

Molte di queste isole sono al centro di miti e leggende.

Tavolara, nel comune di Olbia (SS), vanta una storia regale! Nel 1807 un ricco corso di origini genovesi, Giuseppe Bertoleoni, decise di stabilirvisi con sua moglie dedicandosi all'allevamento di capre. Nel 1836 la sua vita bucolica fu interrotta dall'arrivo di Carlo Alberto di Savoia, che si presentò a lui come il «Re di Sardegna». Bertoleoni, pensando che si trattasse di uno scherzo, rispose: «E io sono il re di Tavolara». Fu preso in parola, si narra infatti che il re abbia infeudato l'isola a Bertoleoni e ai suoi discendenti. Ma della pergamena che ufficializzava questo privilegio si sono perse le tracce. Resta la leggenda!

Serpentara (di fronte a Villasimius) vanta invece una storia che sembra provenire dalle pagine di un romanzo di Stevenson: un sicuro covo di pirati e malfattori in cui era impossibile approdare per via delle rocce e delle correnti. A difenderla una torre spagnola e dei topi che aggredivano i naufraghi. Un luogo da cui era meglio tenersi alla larga già per il nome stesso, che richiama, per le forme sinuose, proprio un serpente.

Nel sud-ovest della Sardegna, invece, di fronte all'isola di Sant'Antioco, si trovano tre selvaggi isolotti di origine vulcanica:

il Toro, la Vacca e il Vitello. Manca Il pastore, ma non è una battuta. Con questo nome veniva indicato un quarto faraglione, un piccolo isolotto che sarebbe stato raso al suolo durante delle esercitazioni militari tra la fine dell'Ottocento e gli inizi del Novecento (ne resta traccia fra le rocce del Vitello).

Lo scoglio del Pastore rappresenterebbe quindi l'unico caso di isola italiana eliminata dall'uomo.

A.R.I – Italian Radioamateur Association, "Italian Islands Award", *I.I.A Directory*. Link di riferimento: http://www.ari-busto.it/iia_directory.htm.

Gramigna A., "Sardegna, imprenditore romano si compra l'isola di Serpentara: «Mi sono innamorato», in *Corriere della Sera.*, 11 settembre 2019. Link di riferimento: https://www.corriere.it/cronache/19_settembre_11/sardegna-imprenditore-romano-si-compra-l-isola-serpentara-mi-sono-innamorato-c3e3637e-d4b6-11e9-8dcf-5bb1c565a76e.shtml.

Vinci A., "La leggenda di Tavolara, Tonino Bertoleoni: «Sono io il re, ma faccio il ristoratore»", in *Corriere della sera*, 08 settembre 2021. Link di riferimento: https://www.corriere.it/cronache/21_settembre_08/leggenda-tavolara-tonino-bertoleoni-sono-io-re-ma-faccio-ristoratore-6c49008e-109a-11ec-ab7a-b73971e4222a.shtml?refresh_ce.

"Isola la Vacca", *Wikipedia*. Link di riferimento: https://it.wikipedia.org/wiki/Isola_la_Vacca.

"Lo sapevate? La Sardegna è la regione italiana che ha più isole. Ma quante sono?", in *Vistanet*, 18 giugno 2023. Link di riferimento: https://www.vistanet.it/ogliastra/2023/06/18/lo-sapevate-la-sardegna-e-la-regione-italiana-che-ha-piu-isole-ma-quante-sono-rep-1-4/.

44. «Che orecchie grandi che hai!»

Dall'immagine demoniaca delle enormi ali di Lucifero descritte da Dante, «*Sotto ciascuna uscivan due grand'ali, / quanto si convenia a tanto uccello: / vele di mar non vid'io mai cotali. / Non avean penne, ma di vispistrello / era lor modo; e quelle svolazzava,*

/ sì che tre venti si movean da ello», alle oscure trasformazioni del Conte Dracula di Bram Stoker – tra le quali quella in forma di pipistrello –, sino al simbolo del cavaliere mascherato di Gotham, l'intramontabile Batman, il pipistrello, nelle sue innumerevoli declinazioni immaginarie, è un animale fortemente radicato nella cultura collettiva globale.

Filo rosso che unisce tutte queste declinazioni della fantasia sono i *chirotteri* (dalle due parole greche χείρ, 'mano' e πτερόν, 'ala', in riferimento alla peculiarità degli arti superiori), ordine di mammiferi placentati comunemente noti, appunto, come *pipistrelli*. In tutto il pianeta ne esistono più di 1.100 specie differenti, ed è interessante scoprire come la Sardegna sia l'habitat dell'unico pipistrello endemico (ovvero esclusivo e caratteristico di una determinata regione) relativo all'Italia: si tratta del *plecotus sardus*, noto come *orecchione sardo*, che si caratterizza allo stesso tempo per essere l'unico mammifero endemico dell'Isola. Scoperto nelle grotte della Sardegna centrale da due studiosi italiani, Mauro Mucedda ed Ermanno Pidinchedda, del *Gruppo Speleologico Sassarese*, e da due ricercatori tedeschi, Andreas Kiefer e Michael Veith, dell'Istituto di Zoologia dell'Università di Mainz, fino a oggi è stato segnalato solamente nelle zone calcaree del Supramonte di Oliena e di Baunei, nelle aree boschive ai piedi del Monte Gennargentu, sino al Lago Omodeo.

Per chi volesse avventurarsi alla loro ricerca – pur senza turbarne i ritmi di vita –, bisogna sottolineare come siano facilmente riconoscibili: gli orecchioni costituiscono infatti un gruppo che si differenzia dagli altri pipistrelli per la presenza di orecchie lunghissime, quasi quanto il corpo. Un dettaglio senza dubbio difficile da non notare.

Un Conte Dracula con le orecchie a sventola?

"I pipistrelli nella cultura popolare da Dracula a Batman", *LIPU*. Link di riferimento: http://www.lipu.it/articoli-natura/8-oasi-e-centri-di-recupero/710-i-pipistrelli-nella-cultura-popolare-da-dracula-a-batman.

"Nuova specie di pipistrello in Sardegna", in *Newton*, 3 febbraio 2004. Link di riferimento: http://newton.corriere.it/Primo-Piano/News/2004/02_Febbraio/02/Plecotus.shtml.

"Plecotus sardus", *Wikipedia*. Link di riferimento: https://it.wikipedia.org/wiki/Plecotus_sardus.

45. Alla scoperta del rarissimo *Tritone* sardo

Al sentir pronunciare il nome *Tritone*, i pensieri corrono immediatamente alla gloriosa mitologia del figlio di Poseidone, dio greco dei mari, che con un corno di conchiglia calmava le tempeste e annunciava l'arrivo del padre. Le generazioni cresciute con l'immaginario cinematografico della *Disney*, invece, ricorderanno con un sospiro d'infanzia il possente padre della sirenetta Ariel, incontrastato Re dei Mari.

Allontanandoci dai labirinti della fantasia per approdare all'altrettanto affascinante varietà faunistica della Sardegna, scopriamo come quest'ultima sia l'habitat indiscusso del *tritone sardo* (Euproctus platycephalus) anche detto *euprotto sardo*, un anfibio urodelo endemico dell'Isola.

La specie un tempo era caratterizzata da un'ampia distribuzione in tutta la Sardegna, principalmente sopra i 400 metri, mentre oggi risulta confinata in poche località, soprattutto nella parte orientale dell'Isola.

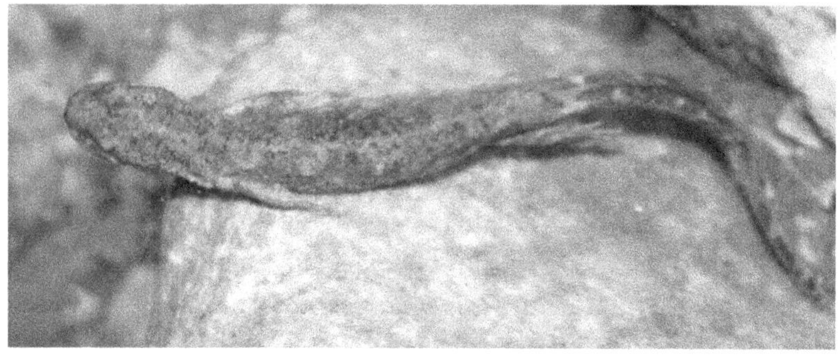

A questa sua preziosa rarità, l'ormai incontrollabile inquinamento delle acque e l'introduzione nel suo habitat di specie alloctone stanno aggiungendo un ulteriore primato: è attualmente una delle specie più a rischio d'Italia e d'Europa.

Un primato che l'euprotto, e tutti i sardi, sperano di perdere presto.

"Euproctus platycephalus", *Wikipedia*. Link di riferimento: https://it.wikipedia.org/wiki/Euproctus_platycephalus.
"Euprotto Sardo", *Sardegna Foreste*. Link di riferimento: http://www. sardegnaambiente.it/j/v/159?s=10843&v=2&c=1580&t=1.

46. La spiaggia di quarzo e quella rosa, gioielli dell'Isola

Le spiagge della Sardegna sono i gioielli più noti, ammirati e amati dell'Isola a livello internazionale. Tra questi, alcuni brillano addirittura al di sopra degli altri, per fama e fascino: in particolar modo, la spiaggia di *Is Arutas* e la *spiaggia rosa* di Budelli.

La prima – sita nel golfo di Oristano, in territorio di Cabras, al centro della costa occidentale – si estende per diverse centinaia di metri, abbracciata e protetta da due scogliere rocciose: peculiarità di questo piccolo paradiso è il suo essere composta interamente da granelli di quarzo finissimo, simili a chicchi di riso, in una varietà stupefacente di colori, che vanno dal verde, al bianco, al rosa.

Uno spettacolo unico al mondo, meta immancabile per ogni abitante o visitatore della Sardegna.

Chiunque volesse avventurarsi alla ricerca della celebre *spiaggia rosa*, invece, dovrebbe spostarsi nell'estremo nord della Sardegna, dove, presso le Bocche di Bonifacio, sorge dalle acque l'isola di Budelli, appartenente all'arcipelago de La Maddalena. L'isola, di proprietà privata fino all'istituzione del Parco Nazionale dell'Arcipelago di La Maddalena, nel marzo 2016, è considerata una delle realtà naturali più belle del Mediterraneo.

Budelli è infatti nota a livello internazionale proprio per la sua celebre spiaggia rosa, situata nella parte sud-orientale dell'i-

sola, e oggi sottoposta a un rigidissimo regime di tutela: essa è interamente composta da frammenti sminuzzati di un microrganismo chiamato *Miniacina miniacea*, che le conferiscono il suo inconfondibile e inimitabile colore.

Perle di rara bellezza, da ammirare e soprattutto da preservare, in particolar modo da quell'inesausta tentazione di portarsene a casa "un pezzettino", che pare attanagliare la maggior parte dei visitatori. Visitatori – è necessario sottolinearlo – che non sempre provengono dall'esterno dall'isola, ma sono assai spesso sardi stessi, incapaci di godere della propria terra senza deturparla in una miope caccia al *souvenir*. Sic!

"Is Arutas", *Sardegna Turismo*. Link di riferimento: https://www.sardegnaturismo.it/it/esplora/arutas.
"Isola Budelli", *Wikipedia*. Link di riferimento: https://it.wikipedia.org/wiki/Isola_Budelli.

47. Una casa sicura per il grifone

Il grifone (*Gyps fulvus*) è un avvoltoio carnivoro di grandi dimensioni, appartenente all'ordine degli Accipitriformi e alla famiglia degli Accipitridi, presente in numerose varietà di habitat, quali zone semi-desertiche, savane, colline e montagne di Europa, Asia e Africa. Questa particolare specie è presente e diffusa anche in Sardegna. Totalmente necrofago, l'alimentazione nell'Isola gli viene fornita per circa il 95% (!) dalle carogne degli animali d'allevamento (ovini, caprini, bovini, suini ed equini), mentre un restante 5% è tratto da animali selvatici di medie dimensioni, come cinghiali o volpi.

Sfortunatamente, l'abbandono della pastorizia errante, l'uso spesso sconsiderato di sostanze velenose per l'eliminazione di possibili predatori delle greggi e l'uccisione dei grifoni a puro scopo di conquista di un trofeo imbalsamato sono state le cause del declino della specie, giunta persino alla completa sparizione in alcune realtà, tra le quali l'Italia, nella sua quasi totalità.

In questo luttuoso scenario, infatti, la specie riuscì a sopravvivere solo in Sardegna, e grazie a ciò fu in seguito possibile reintrodurla gradualmente negli scenari che aveva tristemente abbandonato.

Un'Isola che, come sempre, custodisce nel suo ventre ancestrale le sue creature più preziose.

"Grifone", *Sardegna Foreste*. Link di riferimento: https://www.sardegnaforeste.it/fauna/grifone.
"Gyps fulvus", *Wikipedia*. Link di riferimento: https://it.wikipedia.org/wiki/Gyps_fulvus.
"Il Grifone (Gyps fulvus)", *L'Altra Bosa*. Link di riferimento: http://laltrabosa.com/il-grifone-gyps-fulvus/.

48. A Luras l'albero più antico d'Italia

Nel II millennio a.C. gli ittiti si insediavano in Anatolia, a Creta venivano eretti i primi palazzi della celebre Cnosso, i minoici intraprendevano la costruzione di Micene, i popoli achei di origine indoeuropea migravano verso la Grecia… Perché tutte queste informazione disparate?

Solo per provare a rendere l'idea della profondità del tempo trascorso dal momento in cui l'albero più antico oggi vivente in Italia iniziò a germogliare.

Conosciuto e rispettato come *S'Ozzastru* o *Patriarca*, questo immenso olivo di 4.000 anni continua a prosperare ai giorni nostri in Sardegna, nel comune di Luras, protetto dall'abbraccio verdeggiante della Gallura. Per comprendere le sue dimensioni, basti pensare che si erge per un'altezza di 14 metri, che la circonferenza del suo tronco misura 11 metri, e che la sua maestosa chioma ha un diametro di 21 metri.

Quanti eventi hanno avuto luogo nel tempo della sua esistenza? Quanti imperi sono nati e crollati? Quanti grandi personaggi hanno raggiunto l'apice della gloria per poi sprofondare nella polvere? Di quante meraviglie è testimone questa gloriosa creatura della Sardegna.

Nel 1991 è stato dichiarato Monumento Naturale. Ne sarà stato orgoglioso, o avrà compreso, nella saggezza che emerge dall'abisso dei tempi, la forza della Vita dinanzi alla transitorietà futile di titoli, dei nomi e delle onorificenze? Poco distante gli fa compagnia un giovane olivo che fu forse più entusiasta della notizia e delle celebrazioni: ma bisogna comprendere l'entusiasmo della gioventù, e il Patriarca è paziente con il suo vicino, che in fondo… ha *solo* 2.000 anni!

D'altronde, quest'ultimo non è l'unico venerabile compagno millenario del *Patriarca*. La Sardegna, infatti, custodisce un elevato numero di alberi di valore storico e monumentale a livello nazionale. Secondo il censimento del 2022 effettuato dal Ministero dell'agricoltura, della sovranità alimentare e delle foreste (Masaf), su ben 4.006 alberi monumentali presenti nel territorio nazionale, ben 405 esemplari affondano le proprie radici nell'Isola, che risulta seconda solo al Friuli Venezia Giulia, che ne ospita 471.

Ancora una volta, insomma, la Sardegna si rivela icona indiscussa della longevità, e custode dei suoi incredibili segreti.

"Alberi secolari, i grandi patriarchi verdi d'Italia", *Ansa ViaggiArt*, 06 luglio 2018. Link di riferimento: https://www.ansa.it/canale_viaggiart/it/notizie/bellezza/2018/07/06/alberi-secolari-i-grandi-patriarchi-verdi-ditalia_1d4eace5-a515-4f68-aa03-2a467b461ec4.html.

"Ecco l'albero più antico d'Italia", *Scienze Naturali*, 11 aprile 2017. Link di riferimento: https://www.scienze-naturali.com/albero-piu-antico-italia/16193.

"Elenco degli alberi monumentali d'Italia ai sensi della Legge n. 10/2013 e del Decreto 23 ottobre 2014", *Ministero dell'agricoltura, della sovranità alimentare e delle foreste*. Link di riferimento: https://www.politicheagricole.it/flex/cm/pages/ServeBLOB.php/L/IT/IDPagina/11260#id-bed7384af14fdba2da436d64155c62b1.

49. *Piscinas*: il deserto più vasto d'Europa

Rimirando i paesaggi idilliaci della Sardegna, i suoi boschi verdeggianti dell'interno, il blu profondo e ipnotico dei suoi mari, le luminose tonalità brune dei suoi campi, difficilmente potremmo trovarvi delle affinità con le zone del pianeta più ostili allo sviluppo della vita: i deserti. Eppure, è proprio nell'Isola che si trova il più grande d'Europa!

Sito nella rinomata Costa Verde, il deserto di Piscinas si estende per circa cinque chilometri quadrati ed è a tutti gli effetti un piccolo deserto in miniatura, con alte dune di sabbia che dalla costa si estendono verso l'interno per chilometri. Le dune, alte anche 100 metri, sono le più alte d'Europa.

Ancora una volta, la varietà paesaggistica della Sardegna, inconfondibilmente mozzafiato, non smette di stupire.

"La meraviglia del deserto in Italia: è il più grande d'Europa", *Il Tempo*, 28 gennaio 2022. Link di riferimento: https://www.il-tempo.it/general/2022/01/28/video/deserto-di-piscinas-piu-grande-in-europa-italia-sardegna-30266086/.
"Uno dei deserti più grandi e affascinanti d'Europa si trova in Italia", *Viaggi&News.com*, 20 maggio 2017. Link di riferimento: https://www.viagginews.com/2017/05/20/deserti-grandi-europa-italia/.

50. Le spiagge della Sardegna:
orgoglio nazionale e internazionale

Che le classifiche siano nella maggior parte dei casi soggettive, e le loro voci siano ordinate molto spesso secondo motivazioni di natura tutt'altro che valutativa, è un fatto noto a chiunque si avvicini a qualsiasi sito internet o rivista. Quando però una particolare voce, riportata da testate tra loro slegate, ricorre un notevole numero di volte, seppur in posizioni differenti, merita senza dubbio particolare attenzione.

In quest'ottica, la meravigliosa spiaggia di *Cala Goloritzé* entra immancabilmente nelle classifiche internazionali delle spiagge più belle del pianeta, siano esse le prime 50, le prime 25 o le prime 10!

Non a caso, per l'anno 2023, appare nella classifica del portale *World's 50 Best Beaches*, stilata annualmente da 750 giornalisti di viaggio, esperti e influencer. La spiaggia del Golfo di Orosei si piazza all'11° posto.

Chi non abbia ancora avuto occasione di visitarla, ora ha una nuova voce nella sua *bucket list* ('lista dei desideri').

E se la presenza dei paradisi naturali sardi non manca mai nelle classifiche stilate a livello globale, è in quelle di livello nazionale che le spiagge sarde la fanno immancabilmente da padrone.

Sia sufficiente osservare i dati più recenti di alcune tra le testate e le piattaforme di viaggio più note e anche quelli relativi ai riconoscimenti per l'attenzione all'ambiente e lo sviluppo sostenibile.

Tra le 21 spiagge italiane più belle del 2023 – secondo *Travel 365* – l'isola compare ben 7 volte, vantando la più alta percentuale di località per Regione: *Su Giudeu* (Domus de Maria, SU), *Is Aruttas* (Oristano), *Porto Giunco* (Villasimius, SU), *La Pelosa* (SS), *Cala Goloritzé* e *Cala Mariolu* (Baunei, NU), *Cala Luna* (Dorgali-Baunei, NU).

Le Cinque Vele 2023, il prestigioso riconoscimento assegnato da Legambiente e Touring Club a chi è in grado di coniugare luoghi e territori con politiche di sviluppo sostenibile, vedono la Sardegna al primo posto con ben 7 località premiate. Non solo le più belle, quindi, ma anche le più pulite e accoglienti. Per l'Isola le località premiate sono Baunei (NU), Domus de Maria (SU), Bosa (OR), Cabras (OR), Posada (NU), Budoni (SS) e Santa Teresa di Gallura (SS).

Per il 2023, inoltre, la Sardegna, con 15 località premiate, conferma la sua posizione nella top ten nazionale delle *Bandiere*

Blu (un riconoscimento internazionale promosso dall'organizzazione non-governativa e no-profit chiamata *Foundation for Environmental Education*, conferito ogni anno in 49 paesi europei ed extraeuropei). L'importante bandiera sventola nelle zone di Badesi, Santa Teresa Gallura, La Maddalena, Palau, Castelsardo, Sorso, Sassari, Trinità d'Agultu, Vignola, Sant'Antioco, Oristano, Tortolì, Bari Sardo, Quartu Sant'Elena e Teulada.

Tirando le somme, si potrebbe continuare a lungo, per pagine e pagine, questo gioco citazionistico, per giungere a una sola conclusione condivisa: è la Sardegna a custodire le spiagge più belle d'Italia… e non solo!

"Bandiere Blu 2023 Sardegna: quali sono e dove si trovano le spiagge premiate dalla FEE", in *Corriere della Sera, Dove*, 15 maggio 2023. Link di riferimento: https://viaggi.corriere.it/itinerari-e-luoghi/cards/spiagge-bandiera-blu-2022-in-sardegna/.

"Cinque Vele 2023, ecco la classifica delle spiagge più belle d'Italia", *Sky Tg24*, 16 giugno 2023. Link di riferimento: https://tg24.sky.it/ambiente/2023/06/16-spiagge-piu-belle-italia-2023-cinque-vele#00.

"Ecco le 15 spiagge più belle del mondo: la numero uno si trova in Australia", in *Corriere della Sera, Dove*, 26 maggio 2023. Link di riferimento: https://viaggi.corriere.it/itinerari-e-luoghi/cards/ecco-le-15-spiagge-piu-belle-del-mondo-la-numero-uno-si-trova-in-australia/.

"Le 21 Spiagge più belle d'Italia – Classifica Ufficiale 2023", *Travel365*, gennaio 2023. Link di riferimento: https://www.travel365.it/spiagge-piu-belle-italia.htm.

51. *Su Sterru*: la voragine più profonda d'Europa

In ambito geologico è definito con il grottesco e inquietante termine *inghiottitoio* un punto su una superficie carsica dove l'acqua penetra o sprofonda nel sottosuolo. L'aspetto di queste cavità naturali, al pari del loro nome, è senza dubbio capace di provocare un brivido o un senso di soffocamento a chiunque vi si trovi davanti.

In Sardegna, nel Supramonte di Baunei, più precisamente sull'altopiano di Golgo, nei pressi della chiesa campestre di San Pietro, si apre nel suolo – raggiungendo la spaventosa profondità di 270 metri – la più profonda voragine a una campata d'Europa, chiamata *Voragine di Golgo* e nota in sardo come *Su Sterru* o *S'Isterru*.

La cavità, nota fin dall'antichità, è stata oggetto di numerosissimi tentativi di esplorazione, che per lunghi decenni si sono rivelati però inconcludenti, laddove le corde impiegate dai vari speleologi nei loro tentativi di raggiungere il fondo risultavano essere troppo corte rispetto alle dimensioni della voragine. La prima missione esplorativa che riuscì a toccare il fondo di questo abisso fu condotta nel 1957 dagli speleologi del *Gruppo Grotte Nuorese*. In tempi più recenti le esplorazioni complete si sono moltiplicate, e un gruppo di biologi ha addirittura soggiornato per alcuni giorni all'interno della cavità allo scopo di studiarne la flora e la microfauna.

Come è possibile immaginare, *Su Sterru* è stata al centro di vicende luttuose e dolorose per la comunità locale. Una croce di acciaio è posta accanto a essa, a ricordare la tragica data del 31 luglio 1976, quando il giovane Antonio Carta precipitò al suo interno nel tentativo di scattare alcune foto.

Ma le morti raggiunte sul fondo di tale abisso sono di numero assai superiore, laddove molte persone nel tempo lo hanno scelto come luogo per il proprio suicidio.

Una consapevolezza che deve portare al massimo rispetto al cospetto di questo incredibile gigante naturale.

"Inghiottitoio", *Wikipedia*. Link di riferimento: https://it.wikipedia.org/wiki/Inghiottitoio

"Monumento naturale Su Sterru", *Wikipedia*. Link di riferimento: https://it.wikipedia.org/wiki/Monumento_naturale_Su_Sterru.

"Su Sterru – Il Golgo di Baunei", *Sardegna Turismo*. Link di riferimento: https://www.sardegnaturismo.it/it/esplora/su-sterru-il-golgo-di-baunei.

52. ZURI E L'ANTICO MISTERO DELLA *FORESTA FANTASMA*

Osservando i paesaggi dell'Isola alla luce dei mutamenti che ineluttabilmente occorrono lungo il fiume del tempo, è spesso difficile immaginare come uno stesso luogo dovesse apparire secoli prima, o addirittura millenni prima. Figurarsi milioni di anni prima!

Un valido aiuto alla nostra fantasia è offerto dallo spettacolo mozzafiato della famosa *foresta pietrificata* di Zuri-Soddì, nota anche con il suggestivo nome di *foresta fantasma*.

In questa zona in provincia di Oristano, circa venticinque milioni di anni fa, nel periodo di transizione Chattiano-Aquitaniano, sorgeva una foresta tropicale, che venne distrutta nell'era Miocenica da un'emissione di ceneri, pomici e lapilli dei vicini vulcani. Le foreste furono violentemente sommerse da uno spesso strato di materiali incoerenti, e gli alberi subirono la lunga serie di successivi eventi geologici che portarono alla loro lenta fossilizzazione.

Nel 1924 la creazione dell'invaso artificiale del lago Omodeo causò la scandalosa sommersione della foresta pietrificata. Al giorno d'oggi, lo stagionale abbassamento del livello delle acque nel periodo estivo rende possibile l'emersione di parte della foresta pietrificata. Se da un lato questo permette di ammirarne e di toccarne con mano le antiche vestigia, dall'altro consente a irresponsabili razziatori di devastare il sito, saccheggiando i pochi preziosi fossili rimasti in un paesaggio ormai irrimediabilmente deturpato dall'idiozia e dall'egoismo umani.

BIONDI E., FILIGHEDDU R., *Foresta pietrificata di Zuri-Soddì*, in CAMARDA I., COSSU A. (a cura di), *Biotopi di Sardegna: guida a dodici aree di rilevante interesse botanico*, Sassari, Delfino Editore, 1998.

"Foresta pietrificata di Zuri – Soddì", *Wikipedia*. Link di riferimento: https://it.wikipedia.org/wiki/Foresta_pietrificata_ di_Zuri_-_Sodd%C3%AC.

"Ghilarza, Il tesoro della foresta fossile di San Serafino", in *la Repubblica*, 8 dicembre 2000.

53. MASUA, TRA I MIRACOLI DELLA NATURA
E LE ARDITE IMPRESE DELL'UOMO

Talvolta la maestosità della Natura si fonde armoniosamente con la mano ingegnosa e ostinata dell'Uomo dando vita a paesaggi mozzafiato. In Sardegna, nella zona di Masua in territorio di Iglesias, è così possibile ammirare il panorama di duplice stupore offerto dall'inconfondibile scoglio di *Pan di Zucchero* e dal miracolo architettonico di *Porto Flavia*.

Il primo, che emerge dalle acque come candida Venere, è lo scoglio più alto di tutto il Mar Mediterraneo, con un'altezza di ben 133 metri e una superficie di 0,03 km². Il nome originario in sardo è *Concali su Terrainu* (che potrebbe significare 'Roccione di terra'), e in tal modo era noto almeno fino al 1700. La sua attuale denominazione è dibattuta: alcuni sostengono che sia dovuta al candore delle sue pareti, che lo renderebbero simile a un dolce ricoperto di zucchero; altri invece la fanno derivare da una spiccata somiglianza con un colle omonimo situato presso Rio de Janeiro, in Brasile, noto appunto come Pão de Açúcar ('Pan di Zucchero'). Le storie di questi due colossi rocciosi sembrano

fondersi, laddove anche per il lontano parente brasiliano le origini del nome vengono ricondotte alla somiglianza con un dolce tradizionale, per quanto altre teorie lo colleghino al termine *Paunh-acuqua* che, nel linguaggio *tupi-guaraní* parlato dagli indigeni *tamoios*, significa 'alta collina'.

I fenomeni carsici hanno scavato questo monumento naturale generando due grotte che si aprono al livello del mare, lunghe rispettivamente 20 e 25 metri. Una di queste, habitat di uccelli marini, si può attraversare con delle piccole barche.

Dalla cima del Pan di Zucchero, che gli appassionati di climbing possono conquistare con la giusta attrezzatura e l'aiuto di guide specializzate, si possono ammirare i quattro fratelli minori, gli altri faraglioni che con il candore del loro calcare-cambrico risaltano sulla costa che ha delle tinte violacee.

Di fronte al maestoso scoglio, a completare il paesaggio, sospeso a metà della parete rocciosa a strapiombo che sovrasta la costa, si apre lo sbocco dell'affascinante sito minerario di Porto Flavia. La miniera si snoda all'interno del promontorio che domina Masua, e fu realizzata tra il 1922 e il 1924, per permettere l'imbarco diretto dei minerali sulle navi in partenza verso le fonderie del Nord Europa, riducendo drasticamente i tempi e i costi di trasporto. Porto Flavia è un capolavoro ingegneristico e architettonico: due gallerie, tra loro sovrapposte, sono collegate attraverso imponenti silos capaci di contenere fino a 10.000 tonnellate di materiale. Nella galleria superiore, quando la miniera era in funzione, i silos venivano riempiti del piombo e dello zinco estratti, svuotati in seguito in quella inferiore, e caricati sui piroscafi attraverso un nastro trasportatore e un braccio mobile. A progettare questa complessa struttura, unica e senza precedenti, fu il direttore Cesare Vecelli, che diede al porto il nome di sua figlia. Per comprendere appieno la portata rivoluzionaria della sua costruzione, basti pensare che fino ad allora i minerali dovevano essere caricati a mano dai galanzieri sulle bilancelle (navi a vela) e trasportati fino al porto di Carloforte, da dove partivano verso le mete d'oltremare.

Due meraviglie, un solo panorama, che permette di abbracciare con lo sguardo i miracoli della Natura e le incredibili imprese dell'Uomo.

"Masua e Porto Flavia", *Sardegna Turismo*. Link di riferimento: https://www.sardegnaturismo.it/it/esplora/masua-e-porto-flavia.
"Pan di Zucchero (Rio de Janeiro)", *Wikipedia*. Link di riferimento: https://it.wikipedia.org/wiki/Pan_di_Zucchero_(Rio_de_Janeiro).
"Scoglio Pan di Zucchero", *Wikipedia*. Link di riferimento: https://it.wikipedia.org/wiki/Scoglio_Pan_di_Zucchero.

54. VIAGGIO NEL TEMPO CON LE ROCCE PIÙ ANTICHE D'EUROPA

I paesaggi della Sardegna risplendono immancabilmente di un fascino ancestrale e atavico, in cui la pietra si fa simbolo di un contatto diretto con i meandri più profondi della storia del pianeta.

D'altronde, è l'Isola a conservare nel suo territorio le rocce più antiche d'Europa: nella regione mineraria del Sulcis-Iglesiente ne affiorano infatti di risalenti al Cambriano (Paleozoico inferiore, da 570 a 500 milioni di anni fa). Si tratta principalmente di calcari, arenarie o scisti, in cui sono stati trovati inoltre i resti fossili di organismi detti *archeociatine*, nonché fossili di trilobite.

Queste rocce hanno avuto origine per deposizione dei sedimenti in un ambiente prevalentemente marino, in un periodo compreso tra il Cambriano (circa 570 milioni di anni) e il Carbonifero inferiore (circa 280 milioni di anni). Alcuni geologi sostengono che l'inizio della sedimentazione possa risalire addirittura al Precambriano superiore (670 milioni di anni).

Sulle rocce della Sardegna si può dunque compiere, con lo scorrere lento di un palmo di mano, un incredibile viaggio nel tempo di milioni di anni.

"Lo sapevate? La Sardegna è la terra più antica d'Italia e una delle più antiche d'Europa", *Vistanet*, 16 settembre 2017. Link di riferimento: https://www.vistanet.it/cagliari/2017/09/16/lo-sapevate-la-sardegna-e-la-terra-piu-antica-ditalia-e-una-delle-piu-antiche-deuropa/.

55. Prodigi di pietra a Ispinigoli

Nel cuore dell'Isola, immersa nel Nuorese, nel Supramonte di Dorgali, si trova la celebre Grotta di Ispinigoli, una cavità di ampia fama, apprezzata da turisti e speleologi di tutto il mondo.

Al suo interno si può ammirare una delle attrazioni naturali più stupefacenti: una colonna stalagmitica alta ben 38 metri, che si classifica come la più alta d'Europa.

Altra particolarità di indubbio fascino custodita all'interno della cavità è il cosiddetto *Abisso delle Vergini*, uno stretto canale profondo 60 metri, che si sviluppa per circa 12 chilometri, collegando la grotta di Ispinigoli alla Grotta di San Giovanni Su Anzu. La sua denominazione, senza dubbio suggestiva, deriva da una leggenda secondo la quale in quel luogo le antiche popolazioni fenicie compivano sacrifici umani. Al di là delle sfumature mitiche, reperti nuragici, punici e romani testimoniano piuttosto un lungo utilizzo come luogo di sepoltura e di culto, rendendo la voragine di eccezionale interesse storico-archeologico. Impiegata,

fino alla metà del XX secolo, dai pastori come riparo per le greggi, durante le guerre mondiali è stato un prezioso luogo di rifugio.

La grotta, aperta al pubblico dal 1974, è senza dubbio una meta unica.

"Grotta Ispinigoli", *Sardegna Turismo*. Link di riferimento: https://www.sardegnaturismo.it/it/esplora/ispinigoli

56. Can che abbaia… in Sardegna morde!

Tra i suoni inconfondibili del paesaggio rurale sardo, immancabile è l'abbaiare gutturale del cane pastore. La Sardegna può vantare due razze autoctone da guardia del bestiame: il "cane sardo" e il pastore fonnese. La prima di queste, nota anche come *dogo sardo*, secondo l'evidenza delle fonti, è adibita da secoli a questo compito e ad altre varie mansioni affini.

Il carattere e il ruolo di questa razza compaiono già nel fondamentale codice di leggi della *Carta de Logu*, nella quale viene descritto come un cane dotato di forte temperamento, e usato per la guardia e la difesa del conduttore. Nel XVIII secolo, il gesuita Francesco Cetti, zoologo e matematico italiano, descrisse ancora

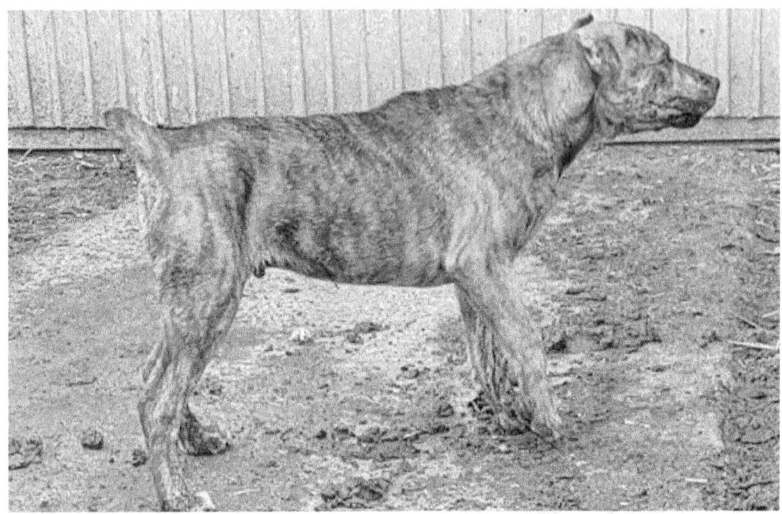

questi particolari cani sardi come un perfetto connubio tra un levriero e un grosso cane.

Nei suoi tratti piuttosto variabili – laddove uno standard di razza non è mai stato fissato – si presenta come un cane molossoide molto atletico, agile, resistente, forte e di notevole mole, con un mantello solitamente rossiccio, fulvo, grigio, nero oppure tigrato, costituito da pelo medio corto. I muscoli mascellari sono particolarmente sviluppati, il muso è leggermente più corto della lunghezza del cranio, e la dentatura è solida e temibile, con chiusura a forbice o a tenaglia. Le tonalità di colore degli occhi variano dall'ambra al marrone, ed estremamente particolari risultano quelle dei soggetti provenienti dalla zona di Gavoi (provincia di Nuoro), di un giallo ben marcato. Il torace è ampio e sviluppato, e la statura media varia dai 56 ai 68 cm al garrese, con un peso che va dai 30 ai 45 chilogrammi.

Insomma, un irremovibile guardiano delle terre sarde e dei suoi bestiami: un custode attento, che è senza dubbio meglio non sfidare!

"Dogo sardo", *Wikipedia*. Link di riferimento: https://it.wikipedia.org/wiki/Dogo_sardo.

57. I TRATTI UNICI DEGLI INCONFONDIBILI CAVALLI SARDI

Tra le star più celebri e ricorrenti negli spot pubblicitari riguardanti la Sardegna – siano essi mirati al mercato del turismo, o alla vendita dei prodotti tipici locali – vi sono senza dubbio... i cavallini delle Giara!

Nei decenni le loro inconfondibili peculiarità fisiche e caratteriali li hanno resi un vero e proprio marchio per l'Isola, e d'altronde la loro riconoscibilità e il loro legame con la terra sarda sono indiscusse: questa particolare razza equina, infatti, è endemica della Sardegna, ovvero esclusiva di questo territorio.

Confinati nell'altopiano della Giara di Gesturi, dove vivono e prosperano allo stato brado, sono tutt'oggi oggetto di studi al fine di definirne con maggiore certezza le origini: alcuni ricercatori sostengono che essi discendano da cavalli africani importati dai fenici o dai greci nel V-IV secolo a.C., mentre secondo altri dovevano già essere stati addomesticati dalla Civiltà Nuragica ben un millennio prima, presentandosi dunque come discendenti del cavallo selvatico presente nell'Isola già dal Neolitico, e di cui sono stati rinvenuti fossili risalenti al 6000 a.C. circa.

La diffusione di questa particolare razza fino al Tardo Medioevo spaziava in tutta l'Isola, mentre al giorno d'oggi vive esclusivamente nel territorio della Giara, da cui prende il nome: sono state proprio le caratteristiche di questo altopiano, con un'altitudine che varia dai 500 ai 600 metri sul livello del mare e le sue pareti scoscese, ad aver isolato i branchi rimasti garantendo la conservazione della tipicità della razza.

Attualmente sono presenti sul territorio circa 550 esemplari, che vivono in gruppi familiari stabili – formati da un maschio dominante e da una a otto femmine, all'interno di un proprio territorio ben definito. I giovani puledri, non appena raggiunta l'età fertile, vengono espulsi dal branco; lo stallone, invece, raggiunti i 15-20 anni viene sostituito da uno più giovane, e il suo destino sarà quello di unirsi a un gruppo di soli maschi.

Per chiunque volesse avventurarsi alla loro scoperta, sono indubbiamente riconoscibili con facilità per la loro altezza: al garrese, in media, è di circa 120 centimetri. Ma si ricordi bene come

non siano pony, ma cavalli di piccola mole. E sarà meglio tenerlo a mente: i cavallini della Giara sono animali dal carattere rinomatamente indomito e irrequieto. Meglio non sgarrare!

Tuttavia, le celebrità equine della Sardegna non sono esclusivamente i cavallini della Giara. Altra preziosa unicità, infatti, sono i cavalli del Sarcidano, il cui nome deriva dall'omonimo altopiano in provincia di Nuoro. Questa particolare razza, riconosciuta ufficialmente tra quelle autoctone dell'Isola, parrebbe avere circa 20.000 anni, facendo coincidere temporalmente le sue origini con quelle del cavallo moderno: a collocarla biologicamente su un modello arcaico sarebbe la caratteristica presenza del settimo molare nelle arcate dentarie, riscontrabile negli antichi fossili e ormai scomparso nei cavalli moderni. Il patrimonio genetico del cavallo del Sarcidano, dunque, conterrebbe un inestimabile tesoro di informazioni per la ricostruzione dell'evoluzione del cavallo stesso. Nei gruppi attualmente allevati, tuttavia, risulta evidente una marcata sproporzione tra i sessi, alla luce della quale il numero dei soggetti di sesso maschile è ridottissimo, e proprio tale situazione, dunque, favorirebbe la consanguineità e il meticciamento, con conseguente perdita del patrimonio genetico.

Vivace e ben rispondente all'ammansimento, questa razza è particolarmente adatta al lavoro e all'equitazione da campagna, oltre che ai principali sport equestri. L'altezza al garrese nei maschi è di circa 125-145 cm, e nelle femmine 115-135 cm; il colore è generalmente morello, baio e grigio.

"Cavallino della Giara", *Wikipedia*. Link di riferimento: https://it.wikipedia.org/wiki/Cavallino_della_Giara.

"Cavallo del Sarcidano", *Wikipedia*. Link di riferimento: https://it.wikipedia.org/wiki/Cavallo_del_Sarcidano.

"Cavallo del Sarcidano", *Sardegna Agricoltura*. Link di riferimento: http://www.sardegnaagricoltura.it/index.php?xsl=443&s=47974&v=2&c=3679.

"Focus Razze equine: Il Cavallo Sarcidano. Scopriamo le origini, le caratteristiche e le attitudini di una particolare razza equina", *Il Portale del Cavallo*. Link di riferimento: https://archivio.ilportaledelcavallo.it/2017/02/15/focus-razze-equine-il-cavallo-sarcidano-scopriamo-le-origini-le-caratteristiche-e-le-attitudini-di-una-particolare-razza-equina-2/.

58. I segreti della Storia dell'Uomo scritti nel DNA dei Sardi

Nel DNA del popolo sardo si nasconde la mappa segreta della Storia dell'Uomo, un percorso che risale alla preistoria dell'Europa, capace di raccontarci dettagli finora sconosciuti di un comune passato, che valica i confini ondosi dell'Isola stessa.

Secondo le ricerche condotte dal team guidato da Francesco Cucca, direttore dell'Istituto di ricerca genetica e biomedica del Consiglio nazionale delle ricerche (Cnr-Irgb) e professore di Genetica Medica dell'Università di Sassari, e da John Novembre, professore presso il dipartimento di Genetica Umana della Università di Chicago, il DNA dei sardi risalirebbe a più di 7.000 anni fa (!), al periodo Neolitico, l'ultimo dei tre che costituiscono l'Età della Pietra, e rappresenterebbe quindi un campione privilegiato per gli studi di malattie con base genetica.

L'équipe dei due ricercatori ha raccolto campioni da 3.514 individui provenienti da diverse aree della Sardegna, che sono stati dunque analizzati e confrontati con quelli ricavati da resti ossei provenienti da siti archeologici neolitici (tra 10.000 e 7.000 anni fa) e, in misura minore, preneolitici, dell'Europa continentale.

La mole di dati raccolta ha dimostrato come il DNA del popolo sardo, e in particolare degli individui delle aree più isolate dell'Ogliastra e della Barbagia, mostra ancora oggi similarità con i contadini neolitici e cacciatori-raccoglitori pre-neolitici.

Per il mondo della ricerca scientifica i sardi rappresentano un *unicum* in Europa, laddove la popolazione presenta un contributo limitato da parte di altre popolazioni presenti nelle steppe, che si diffusero in Europa durante l'Età del Bronzo.

Per la ricerca, quindi, la Sardegna si consacra come una potenziale riserva di antiche varianti genetiche appartenenti alla linea basale protoeuropea, che risultano oggi estremamente rare, se non addirittura perdute nell'Europa continentale. Tali varianti potrebbero essere capaci di fornire uno strumento insostituibile per lo studio e la comprensione di complesse malattie con base genetica.

In questo caso, il DNA degli abitanti dell'Isola non può dunque essere letto nell'ottica del primato, quanto della vera e propria unicità: risiede nei sardi un prezioso ponte tra il passato e il futuro dell'Uomo.

AYACHE Z., "I sardi hanno un DNA 'vecchio' 7.000 anni che racconta la preistoria d'Europa", *fanpage.it* (*Innovazione*), 18 settembre 2018. Link di riferimento: https://scienze.fanpage.it/i-sardi-hanno-un-dna-vecchio-7-000-anni-che-racconta-la-preistoria-deuropa/.

"Il DNA degli antichi Sardi racconta 6.000 anni di storia", *Ansa.it* (*S&T*), 26 febbraio 2020. Link di riferimento: https://www.ansa.it/canale_scienza_tecnica/notizie/biotech/2020/02/25/il-dna-degli-antichi-sardi-racconta-6.000-anni-di-storia_2b228a86-969b-4646-abb5-6b4eb815df7d.html.

"Il DNA sardo fa il giro del mondo. E una regista sardo-australiana racconta le servitù militari", *SardiniaPost*, 22 settembre 2018. Link di riferimento: https://www.sardiniapost.it/dicono-di-noi/dna-sardo-giro-del-mondo-regista-sardo-australiana-racconta-le-servitu-militari/.

59. La Sardegna,
custode del misterioso segreto della longevità

È ormai ben noto a livello internazionale come la Sardegna custodisca il tanto ricercato segreto della longevità.

Già nel 2014, un paese della provincia di Nuoro, Villagrande Strisaili, era stato identificato e confermato come il comune con il record mondiale di longevità maschile. Il piccolo paese ogliastrino venne infatti inserito nel *Guinness World Record* sulla base di uno studio dell'Università di Sassari, che certificò come le probabilità di un uomo di raggiungere il traguardo dei 100 anni di età fossero più elevate qui che in qualsiasi altra parte del pianeta. Il record poteva vantare sei centenari su 3.300 abitanti.

Per trovare un altro luogo in grado di battere questo record, non bisogna fare molta strada. Una trentina di chilometri più a sud, sempre in Ogliastra, si trova il paese di Perdasdefogu.

Questo piccolo centro nel 2014 entrò per la prima volta nel *Guinness World Record* per la famiglia più longeva al mondo: nove fratelli per un totale di 837 anni. I Melis hanno strappato il primato, ancora imbattuto, a una famiglia di otto fratelli originaria della penisola di Nicoya, in Costa Rica, che aveva stabilito il record di 720 anni.

Ma il paese delle 'pietre da fuoco' – questa la traduzione del suo toponimo, per via delle pietre calcaree usate nelle fornaci per produrre calce – non si ferma qui. Nel 2022 strappa il record a Villagrande Strisaili entrando nel Guinness della longevità con ben 8 centenari su 1.778 abitanti (un centenario ogni 222 abitanti).

Gli otto ultracentenari vivono ancora tutti in famiglia e hanno avuto e hanno una vita sociale attiva e soddisfacente. Il loro trucco sarà forse questa partecipazione alla vita della comunità, unita al movimento del lavoro in campagna, il tempo trascorso in compagnia all'aria aperta, e a una dieta sana, la natura che li circonda o il loro codice genetico? Il segreto della longevità in Sardegna (i due paesi citati non sono gli unici nell'Isola a poter vantare dei centenari) resta tutt'oggi un mistero.

Ciò che è certo è che i centenari di questi due piccoli centri, insieme ai coetanei di altri paesi montani della sub-regione barbaricina d'Ogliastra e della Barbagia di Ollolai, hanno permesso alla Sardegna di entrare a far parte delle cinque *Blue Zone*. Con questo termine, alla lettera 'Zona blu', si indicano quelle aree demografiche o geografiche in cui la speranza di vita è più alta rispetto alla media mondiale. Le altre quattro sono l'isola di Ikaria (Grecia), le isole di Okinawa (Giappone), la penisola di Nicoya (Costa Rica) e la cittadina di Loma Linda (California).

Distanza geografica, lingua, cultura separano questi luoghi. Eppure hanno tutti qualcosa in comune. I centenari che li abitano ricoprono un ruolo importante in famiglia, non fumano, hanno una dieta a base di vegetali (tra cui abbondano i legumi), praticano un'attività fisica moderata ma costante e soprattutto sono, e si sentono, socialmente utili.

Tutte abitudini che si potrebbero replicare in qualsiasi parte del mondo, ma che trovano in Sardegna una terra fertile.

Madeddu D., "I segreti di Perdasdefogu, il paese con la più alta percentuale di centenari al mondo", in *Il Sole 24 Ore*, 22 gennaio 2023. Link di riferimento: https://www.ilsole24ore.com/art/alla-ricerca-segreti-perdadefogu-paese-la-piu-alta-percentuale-centenari-mondo-AEjHsiYC.

"Blue Zone Ogliastra, Sardegna", *ITSBLUEZONE*. Link di riferimento: https://fondazionebluezone.it/blue-zone-ogliastra-sardegna/.

"In Sardegna il paese più longevo al mondo: con 8 centenari entra nel Guinness dei primati", in *Il Giorno*, 30 maggio 2022. Link di riferimento: https://www.ilgiorno.it/cronaca/sardegna-centenari-guinness-perdasdefogu-1.7731620.

"Zona Blu", *Wikipedia*. Link di riferimento: https://it.wikipedia.org/wiki/Zona_blu.

60. Animali fantastici e dove trovarli

Nel Carbonifero superiore, circa 300 milioni di anni fa, la località San Giorgio, a pochi chilometri da Iglesias, ospitava un rigoglioso e lussureggiante bacino lacustre, nel quale prosperava una varia e multiforme biodiversità vegetale e animale.

Attraverso gli studi condotti su una serie di reperti scoperti in questa zona nel 2004 e conservati presso il Museo Sardo di Geologia e Paleontologia Domenico Lovisato dell'Università di Cagliari, i ricercatori del Dipartimento di Scienze Chimiche e Geologiche dell'Università di Cagliari Daniel Zoboli e Gian Luigi Pillola, in collaborazione con Lorenzo Marchetti, del Dipartimento di Geoscienze dell'Università di Padova, e di Fabio Massimo Petti, del Museo delle Scienze di Trento, hanno identificato le impronte fossili dei più antichi vertebrati terrestri d'Italia.

Al di là di questa importante scoperta, che attribuisce un nuovo primato scientifico alle meraviglie custodite dall'Isola, in località San Giorgio sono state rinvenute innumerevoli altre impronte lasciate milioni di anni fa da specie quali artropodi miriapodi (*Ichnogenere diplichnites*), vermi (*Cochlichnus anguineus*), probabili larve di insetto o organismi vermiformi (*Treptichnus bifurcus*); e, tra le curiosità maggiori, va senza dubbio indicato il ritrovamento di un'ala di blatta – incredibilmente quasi del tutto simile a quelle attuali –, del fossile di un piccolo aracnide primitivo, simile a un ragno, appartenente alla specie *Anthracomartus voelkelianus*, e di un frammento di carapace di un *Arthropleura*, definibile come un millepiedi gigante di quasi tre metri di lunghezza!

Per chi volesse affrontare un imperdibile viaggio nel tempo alla scoperta di questa affascinante realtà, questi ultimi fossili sono conservarti presso il Museo dei Paleoambienti Sulcitani Edouard-Alfred Martel di Carbonia.

Puddu D., "Salamandre di Iglesias, sono loro le tracce dei più antichi vertebrati terrestri italiani!", *Sardegna In Blog 2019*, 29 gennaio 2019. Link di riferimento:
https://www.sardegnainblog.it/35835/anfibi-microsauri-iglesias-vertebrati-terrestri-italiani-piu-antichi/.
Repetto S., "In Sardegna le tracce dei più antichi vertebrati terrestri italiani", in *National Geographic Italia*, 29 gennaio 2019.

61. *Ospitone*: quando la Storia sarda spiega le ali

La Storia e le leggende, fondendosi e intrecciandosi in un ritratto di inconfondibile potenza, determinazione e coraggio, custodiscono nella memoria del popolo sardo l'immagine di Ospitone, capo dei Barbaricini, che tra il VI e il VII secolo d.C. guidò la lunga e combattuta resistenza delle popolazioni dell'interno della Sardegna durante la dominazione bizantina.

Se qualcuno oggi sostenesse che sia ancora possibile avvistare Ospitone muoversi tra i paesaggi immensi e lussureggianti dell'Isola, lo si prenderebbe certamente per un folle o un visionario. Ma forse il giudizio sarebbe troppo affrettato.

Infatti, la Sardegna ospita una specie endemica di farfalla il cui nome è ispirato proprio a quello del celebre condottiero sardo: si tratta della *Papilio Hospiton*, specie particolarmente vistosa per colore e dimensioni. L'apertura delle sue ali può raggiungere i 7,5 centimetri, e la colorazione di fondo di queste ultime risplende di un meraviglioso giallo, con reticolatura scura. La pagina inferiore delle ali anteriori mostra un disegno ondulato vicino al margine, mentre le ali posteriori presentano ciascuna una codetta e sei o sette macchie azzurre, visibili sia sul lato superiore che su quello inferiore, e una macchia rosso-arancio a forma di mezzaluna nel lato superiore. Nel lato inferiore, infine, le macchie azzurre sono affiancate da piccole macchie rosse.

Il corpo si presenta nero nel lato dorsale e giallo su quello ventrale, rivestito di lunghe setole nere e gialle, che diventano più fitte vicino alla testa. I suoi occhi sono ellittici e di colore nero, allo stesso modo delle le antenne, che risultano clavate nell'estremità distale.

Il suo habitat si estende principalmente su pascoli naturali e semi-naturali, arbusteti e garighe, in particolar modo ad altitudini comprese tra i 500 e i 1.800 metri, per quanto si possa ritrovare anche a pochi metri sul livello del mare in alcune isole minori della Sardegna. Tuttavia, chiunque scegliesse di avventurarsi alla sua ricerca, dovrebbe però prestare molta attenzione, per due motivi principali.

In primis, la *Papilio Hospiton* può essere confusa facilmente con la *Papilio Machaon* – anch'essa diffusa in Sardegna, ma non endemica dell'Isola –, che si differenzia, a uno sguardo ravvicinato e più attento, per diversi elementi: una colorazione più scura, codette più corte, una minore dimensione delle macchie rosse e un'apertura alare leggermente inferiore.

Inoltre, la *Papilio Hospiton* è una farfalla particolarmente rara, fortemente minacciata dalla riduzione del suo habitat, dagli incendi e dalla cattura per il collezionismo: per questi motivi la specie è strettamente tutelata.

Ancora una volta, minacciato nella sua terra, Ospitone saprà opporre una durevole, combattiva resistenza alle inesauste minacce nei suoi confronti? La speranza è quella che, anche stavolta, possa contare sull'appoggio, l'intelligenza e la determinazione delle genti della sua Isola.

"Macaone sardo-corso o Ospitone", *Sardegna Turismo*. Link di riferimento: http://www.sardegnaambiente.it/j/v/159?s= 248082&v=2&c=11623&t=1.

"Ospitone (Papilio hospiton)", *Sardegna Natura*. Link di riferimento: https://www.sardegnanatura.com/fauna-sardegna/schede-fauna-sardegna/162-insetti/207-ospitone.html.

62. LE TRE TESTUGGINI ITALIANE RIUNITE IN SARDEGNA

Sarà perché la Sardegna è terra di longevità, e qui si trovano fra consimili. O sarà forse per i ritmi di vita più "lenti" e un habitat in buona parte ancora incontaminato dove possono spostarsi – quasi – indisturbate. Qualunque sia il motivo, la Sardegna è l'unica regione a ospitare popolazioni vitali di tutte e tre le specie di testuggini terrestri presenti in Italia.

La testuggine greca o tartaruga moresca (*testudo graeca*), la testuggine marginata (*testudo marginata*) – quella che può raggiungere i 100 anni di età –, la testuggine comune (*testudo hermanni*).

Variamente diffuse nell'Isola, soprattutto nelle zone centrali e occidentali, sono state introdotte in Sardegna in tempi diversi, anche preistorico-storici.

Le tre testuggini si distinguono per colori, dimensioni e forma del carapace (per questi aspetti si rimanda alla bibliografia). Il loro habitat, seppure con qualche differenza, è simile: ambienti costieri e di gariga, boschi, aree soleggiate. Hanno abitudini diurne, sono soprattutto erbivore, trascorrono il letargo in una buca scavata nel terreno e sempre in una buca nel terreno depongono le loro uova dopo l'accoppiamento che avviene in primavera.

Anche i nemici che hanno in comune sono simili: volpi, cinghiali, gatti selvatici e rapaci notturni. Ma il motivo per cui queste specie stanno vivendo una vera emergenza faunistica – tanto da essere ormai vulnerabili a livello regionale ed europeo – è da ricondursi all'uomo. Non solo in modo diretto, quando con crudeltà le sottrae al loro habitat per imprigionarle in un cortile, venderle o lasciarle in luoghi diversi da quelli di origine, causando ibridazione e trasmissione di malattie. Ma anche in maniera indiretta: quando innesca incendi che ne causano la morte o la distruzione del loro habitat; oppure con pratiche di urbanizzazione e coltura intensiva.

Eppure le testuggini hanno un ruolo prezioso in natura, quello di *seed dispersers*, ossia la disseminazione, contribuendo al mantenimento della flora nei territori in cui vivono. Tramite loro, infatti, i semi delle piante arrivano in terreni adatti alla germinazione.

Sebbene l'istituzione di aree protette, che hanno permesso il mantenimento di habitat idonei a queste e ad altre specie, e le norme nazionali e internazionali che le tutelano, le testuggini non possono dirsi al sicuro, sono anzi considerate una specie a rischio. Ricordiamo allora di rispettarle, che è assolutamente vietato prelevarle dal loro ambiente naturale, il loro commercio e la detenzione senza titolo.

Non tutelarle sarebbe un vero torto nei confronti di tre specie che hanno eletto l'Isola a luogo privilegiato in cui convivere.

AA.VV., "Aggiornamento sulla distribuzione italiana delle testuggini terrestri appartenenti al genere *Testudo*", *ATTI del II Congresso SHI Abruzzo e Molise*, 11-13 aprile 2019, Albenga (SV).
"Testuggine comune", *Sardegna Foreste*. Link di riferimento: https://www.sardegnaforeste.it/fauna/testuggine-comune.
"Testuggine greca", *Sardegna Foreste*. Link di riferimento: https://www.sardegnaforeste.it/fauna/testuggine-greca.
"Testuggine marginata", *Sardegna Foreste*. Link di riferimento: https://www.sardegnaforeste.it/fauna/testuggine-marginata.

63. CAGLIARI E I FENICOTTERI:
UN RAPPORTO UNICO AL MONDO

Uno dei simboli più celebri e celebrati della città di Cagliari è senza dubbio il fenicottero rosa, icona inconfondibile del capoluogo sardo e delle sue meraviglie, protagonista immancabile dei suoi tramonti, presenza elegante, vistosa e leggiadra dei suoi paesaggi e dei suoi orizzonti.

Affascinante scoprire come l'amore della città per questi suoi splendidi abitanti sia pienamente ricambiato: Cagliari, infatti, è l'unica città al mondo nella quale i fenicotteri rosa nidificano in modo stabile.

Il rapporto tra la città e la specie è ormai giunto – e ha superato felicemente – la celebrazione delle nozze d'argento: sono infatti trascorsi 30 anni da quando i fenicotteri hanno iniziato la nidificazione nel parco di Molentargius. In particolare, è il bacino di Bellarosa Maggiore a ospitare la colonia, e dal 1993, quando nacquero i primi mille esemplari, il rito riproduttivo si è puntualmente ripetuto negli anni successivi, seppur con alterne vicende (nel 1998 la colonia si trasferì per un breve periodo nelle vicine saline di Macchiareddu, per poi tornare a nidificare a Molentargius, ma sempre nell'alveo sicuro e conosciuto del capoluogo sardo), giungendo al miracolo di nidiate di ben 15.000 *pulli*, i pulcini degli eleganti trampolieri.

Questo miracolo venne qui osservato e documentato per la prima volta dall'ornitologo Helmar Schenk proprio nel 1993, scoprendo una popolazione numerosa e variegata, composta, oltre che dagli esemplari indigeni, da quelli provenienti dalla Camargue, in Francia, dal parco della Donana, in Spagna, e anche dal Maghreb, senza dimenticare il censimento di fenicotteri provenienti anche da altri Paesi, quali Grecia, Turchia e persino Iran.

Lo spettacolo più stupefacente è osservabile ogni anno durante le prime settimane di maggio, durante il periodo della nidificazione, quando i fenicotteri si fermano nella zona tingendo di rosa, a perdita d'occhio, le acque del parco naturale. Risulta comunque possibile ammirare piccoli gruppi di fenicotteri, che abitano le diverse zone della Sardegna, durante tutto il resto dell'anno: anche nel corso dell'inverno, quando si riposano in attesa della primavera e del momento della nidificazione.

Una curiosità immancabile per tutti coloro che posano per la prima – o la millesima – volta lo sguardo su queste creature è legata al loro caratteristico colore. Ebbene, quest'ultimo è dovuto alla loro alimentazione, composta in maniera preponderante di molluschi, insetti acquatici e i piccoli crostacei tra i quali l'*Artemia salina*, contenente i carotenoidi che conferiscono a penne e piume il loro caratteristico colore. La colorazione della livrea dei fenicotteri dipende dunque dalla quantità di crostacei ingeriti, e varia dal bianco al rosa più o meno intenso.

Multiculturalità, integrazione, condivisione degli spazi cittadini, totale ininfluenza del colore del piumaggio: riusciranno un giorno i fenicotteri a passare dall'essere un simbolo all'essere un prezioso esempio per la specie umana?

Fadda V., "Cagliari, fiocco "rosa" a Molentargius: l'oasi dà il benvenuto ai nuovi piccoli di fenicottero", in *L'Unione Sarda.it*, 05 giugno 2023. Link di riferimento: https://www.unionesarda.it/news-sardegna/cagliari/cagliari-fiocco-rosa-a-molentargius-nelloasi-la-schiusa-delle-uova-di-fenicottero-sow79aba.
"Fenicotteri rosa, Sardegna: a Cagliari i fenicotteri rosa nascono da 25 anni", in *affaritaliani.it*, 21 maggio 2018. Link di riferimento: http://www.affaritaliani.it/costume/fenicotteri-rosa-sardegna-a-cagliari-i-fenicotteri-rosa-nascono-da-25-anni-541266.html?refresh_ce.

64. La prima foto di un buco nero.
Un sardo alla guida della scoperta scientifica
del secolo

Come la data del 20 luglio 1969, nella quale per la prima volta un essere umano posò il piede sulla superficie della Luna, anche quella del 10 aprile 2019 è indiscutibilmente passata alla Storia come un momento cruciale dell'esplorazione del cosmo da parte dell'Uomo. Nel corso di una conferenza stampa in diretta mondiale, l'*Event Horizon Telescope* (EHT), un consorzio internazionale di più radiotelescopi, ha svelato al mondo per la prima volta l'immagine di un buco nero supermassiccio che si trova al centro della galassia M87 (Virgo A), alla distanza di 55 milioni di anni luce dalla Terra. In realtà, non essendo possibile osservare direttamente un buco nero, la celebre foto permette piuttosto di identificarlo attraverso il cosiddetto *disco di accrescimento* del buco nero, ovvero la luce e la materia intorno a esso.

L'effettivo rilevamento è avvenuto nell'aprile del 2017, attraverso la collaborazione di otto osservatori sparsi nel globo, i quali, perfettamente sincronizzati con orologi atomici, hanno operato come un solo radiotelescopio, trasformando l'intero pianeta in un'unica immensa antenna. L'enorme quantità di dati è stata dunque raccolta da ogni centro per essere poi trasferita all'osservatorio Haystack del Massachusetts Institute of Technology negli Stati Uniti, dove è iniziato un lavoro di incrocio dei dati che ha richiesto per il suo completamento quasi due anni. Un supercomputer ha elaborato tutte le informazioni e ha così consentito di produrre la prima osservazione diretta di quella che potremmo definire dunque l'"ombra" del buco nero, un'immagine diventata ormai indelebilmente celebre.

All'interno dell'imponente progetto internazionale *BlackHole-Cam*, che ha condotto a questo storico risultato, il ruolo di responsabile scientifico è stato svolto dall'astrofisico sardo Ciriaco Goddi di Nuoro. Un orgoglio per tutta la Sardegna, la quale ha espresso la sua profonda gratitudine allo studioso attraverso la voce del presidente della Regione, Christian Solinas, che così si è espresso:

«A nome di tutti i sardi, e certo di interpretare i loro sentimenti, faccio i miei complimenti al nostro conterraneo Ciriaco Goddi, l'astrofisico responsabile scientifico del progetto *BlackHoleCam*, che ha portato alla scoperta più avvincente degli ultimi anni, l'individuazione e la cattura dell'immagine fotografica di un buco nero al centro di una galassia lontana 55 milioni di anni luce. Sapere che uno scienziato sardo è protagonista di un'impresa scientifica di tale portata storica ci riempie di orgoglio e ci spinge a lavorare con sempre più forte impegno e passione affinché i giovani talenti della nostra isola possano avere, in futuro, maggiori occasioni per non dover portare lontano dalla loro terra il loro sapere e il loro valore».

MENIETTI E., "La prima immagine di un buco nero", in *The Post*, 10 aprile 2019. Link di riferimento: https://www.ilpost.it/2019/04/10/prima-immagine-buco-nero/.

"Blackholecam, Solinas: 'Complimenti all'astrofisico sardo Ciriaco Goddi'", in *Cagliaripad*, 10 aprile 2019. Link di riferimento: https://www.cagliaripad.it/380303/blackholecam-solinas-complimenti-allastrofisico-sardo-ciriaco-goddi/.

"Buchi neri, scattata la prima fotografia: è sardo il responsabile del progetto", in *Sardinia Post*, 10 aprile 2019. Link di riferimento: https://www.sardiniapost.it/innovazione/buchi-neri-scattata-la-prima-fotografia-e-sardo-il-responsabile-del-progetto/.

"Buchi neri: sardo a capo team scientifico", in *ANSA.it* (Sardegna), 10 aprile 2019. Link di riferimento: http://www.ansa.it/sardegna/notizie/2019/04/10/buchi-nerisardo-a-capo-team-scientifico_108bd456-da29-4811-add9-127865fc7944.html.

65. Sardegna: la regione meno sismica d'Italia

Partiamo da un dato certo: non è vero che in Sardegna non possono verificarsi terremoti.

In base a uno studio del direttore della sezione di Pisa dell'INGV (Istituto nazionale di geofisica e vulcanologia), Carlo Meletti, che si è occupato della ricerca *La sismicità storica dell'isola senza terremoti*, la Sardegna è una terra in cui i fenomeni sismici sono effettivamente rari, ma non del tutto assenti. Anzi, anche in tempi recenti ci sono stati degli eventi sismici che sono stati avvertiti dalla popolazione e sono stati percepiti con un certo allarme, proprio per via della credenza che in Sardegna non dovrebbero scatenarsi.

La ragione della scarsità sismica si spiega col fatto che la Sardegna e la Corsica, dal punto di vista dell'evoluzione geologica, sono "ferme", ossia sono lontane e quindi non interessate da una tettonica attiva come quella delle altre regioni italiane, influenzate dagli Appennini e dalle Alpi.

In Sardegna i terremoti si possono verificare lungo le coste, dove sono presenti antiche faglie che potrebbero dar luogo a degli eventi. La caratteristica delle scosse è che vengono sentite distintamente in tutta la regione, questo perché il suolo ha delle rocce metamorfiche compatte in grado di propagare il terremoto a grande distanza, facendolo percepire più forte di quanto non sia in realtà.

Storicamente in Sardegna si ha notizia di due eventi forti. Uno del 4 giugno del 1616, che riguardò la Sardegna meridionale ed è riportato in un'incisione contenuta nella sacrestia del Duomo di Cagliari, l'altro il 17 agosto del 1771. Di portata minore, un terremoto del 24 giugno 1619 e uno del 18 gennaio 1910, per il quale si stima una magnitudo superiore al 4.2. Tra i più recenti e degni di menzione, quello in Gallura del 13 novembre 1948.

Ci sarebbero poi dei falsi miti, come frane scambiate per terremoti o esplosioni provocate da sottomarini nucleari della NATO che avrebbero ad esempio scatenato il terremoto in Gallura.

Al di là di bufale e di false credenze, è bene fare una corretta informazione anche in una zona a bassa sismicità come la Sardegna. Per sapere come agire e non spaventarsi eccessivamente.

Secondo i dati dell'INGV relativi all'anno 2022, la Sardegna si conferma ancora la regione con meno terremoti d'Italia. Nella penisola sono stati localizzati 16.302 terremoti, con una media di 44 eventi al giorno. In Sardegna, invece, contando anche le aree marine intorno all'Isola, in tutto il 2022 ne sono stati registrati 16 in totale, e la maggior parte potrebbero essere attribuiti a degli scoppi di cava.

Una buona notizia, ma non dimentichiamo che il rischio zero non esiste!

Amato A., Pignone M., "Speciale 2022, un anno di terremoti", in *INGV Terreomoti*, 12 gennaio 2023. Link di riferimento: https://ingvterremoti.com/2023/01/12/speciale-2022-un-anno-di-terremoti/.

Pezzella F., "I terremoti in Sardegna, un fenomeno raro ma possibile", in *Istituto Nazionale di Geofisica e Vulcanologia*, gennaio 2021. Link di riferimento: https://www.ingv.it/newsletter-ingv-n-1-gennaio-2021-anno-xv/i-terremoti-in-sardegna-un-fenomeno-raro-ma-possibile.

"Terremoti, i dati 2022: è la Sardegna la Regione meno a rischio d'Italia", in *L'Unione Sarda.it*, 12 gennaio 2023. Link di riferimento: https://www.unionesarda.it/news-sardegna/terremoti-i-dati-2022-e-la-sardegna-la-regione-meno-a-rischio-ditalia-p3cyee25.

03❧80

LINGUA E LETTERATURA

66. Grazia Deledda: orgoglio sardo tra Premio Nobel e primati al femminile

«Sono nata in Sardegna; la mia famiglia [è] composta di gente savia, ma anche di violenti e di artisti primitivi.»

Con queste parole, il 10 dicembre 1927, nella celebre cornice della Konserthuset di Stoccolma, la scrittrice sarda Grazia Deledda iniziava il suo discorso di accettazione del Premio Nobel per la Letteratura (per l'anno 1926). L'immortale autrice nuorese fu la prima donna italiana a ricevere il più alto riconoscimento mondiale di ambito letterario, la seconda a livello internazionale dopo l'autrice svedese Selma Lagerlöf (1909). La Deledda è tuttora l'unica donna ad aver ricevuto tale onorificenza in Italia, e il suo nome brilla accanto a quello di artisti quali Giosuè Carducci (1906), Luigi Pirandello (1934), Salvatore Quasimodo (1959), Eugenio Montale (1975) e Dario Fo (1997).

Nata a Nuoro il 28 settembre 1871 da una famiglia benestante – quinta di sette tra figli e figlie –, frequentò le scuole fino alla quarta elementare, proseguendo poi gli studi con un precettore, secondo l'usanza del tempo per cui, in Sardegna, le ragazze non frequentavano le scuole superiori. La sua formazione letteraria fu dunque da autodidatta, elemento che ancor più accresce la grandezza del suo genio artistico. La sua giovinezza fu caratterizzata da drammi (l'alcolismo del fratello Santus, l'arresto per furto del fratello Andrea) e lutti (il padre morì di crisi cardiaca quando Grazia Deledda aveva soltanto 21 anni, e la sorella Vincenza venne a mancare solo quattro anni dopo), a seguito dei quali la famiglia dovette far fronte a gravose difficoltà economiche. La scrittura fu la dimensione più pura della sua esistenza e la sua salvezza. Pubblicò la prima novella nel 1886, a soli quindici anni, su un giornale di Nuoro, e due anni dopo cominciò a collaborare con altre varie testate, prima sarde e poi romane, ricevendo gradualmente sempre più apprezzamenti e riconoscimenti. Si trasferì a Roma nel 1900, in seguito alle nozze con il funzionario del Ministero delle Finanze Palmiro Madesani, conosciuto a Cagliari due mesi prima del matrimonio.

In questa travagliata eppur fulgida cornice biografica, la Deledda fu artefice nelle sue opere di uno stile che nei decenni successivi in tanti tentarono di catalogare senza successo, cercando di ricondurla tanto al Verismo, quanto al Decadentismo o al Realismo, scontrandosi però, ogni volta, con il multiforme genio della scrittrice, capace di librarsi al di sopra di ogni etichetta precostituita.

Fu dunque a coronamento di un percorso creativo unico e di indiscussa profonda ispirazione che Grazia Deledda ricevette l'ambito premio con la seguente motivazione: «Per la sua potenza di scrittrice, sostenuta da un alto ideale, che ritrae in forme plastiche la vita quale è nella sua appartata isola natale e che con profondità e con calore tratta problemi di generale interesse umano».

Morì dieci anni dopo, nell'agosto del 1936, all'età di 64 anni, per le complicazioni di un tumore al seno di cui soffriva da tempo.

"Accadde oggi. Il 10 dicembre 1927 Grazia Deledda riceve il Premio Nobel per la Letteratura", *Vistanet*, 10 dicembre 2018. Link di riferimento: https://www.vistanet.it/cagliari/2018/12/10/accadde-oggi-10-dicembre-1927-grazia-deledda-riceve-premio-nobel-la-letteratura-repost/.
"Grazia Deledda, l'unica italiana a vincere il Nobel per la letteratura", *Focus*, 10 dicembre 2017. Link di riferimento: https://www.focus.it/cultura/arte/grazia-deledda-storia.
"Grazia Deledda", *Wikipedia*. Link di riferimento: https://it.wikipedia.org/wiki/Grazia_Deledda.

67. Un riconoscimento interplanetario per Grazia Deledda

Nel 1985, alla scrittrice sarda Grazia Deledda, Nobel per la Letteratura nel 1926, è stato intitolato un cratere da impatto – del diametro di ben 32 chilometri – sulla superficie di Venere. Tanti scrittori e scrittrici possono vantare riconoscimenti internazionali, ma quanti fra loro possono vantare riconoscimenti di portata… *interplanetaria*?

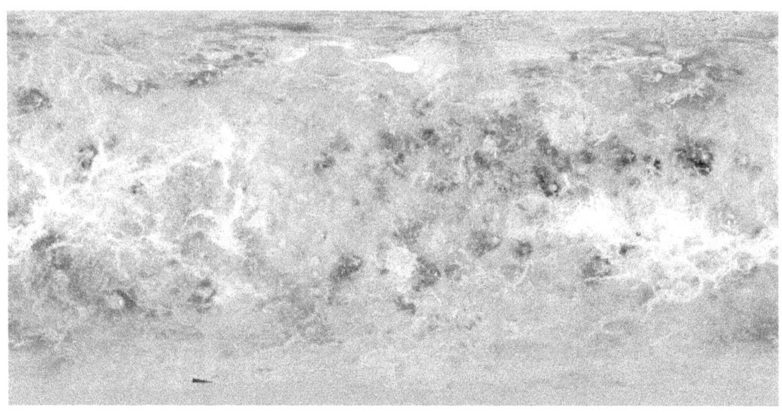

"Cratere Deledda", *Wikipedia*. Link di riferimento: https://it.wikipedia.org/wiki/Cratere_Deledda.

"Deledda on Venus", *Gazetteer of Planetary Nomenclature*, Link di riferimento: https://planetarynames.wr.usgs.gov/Feature/1469.

68. Grazia Deledda nei cieli internazionali

Dai primi mesi del 2019, alzando gli occhi al cielo è possibile incrociare, certo con un po' di fortuna e senza dubbio un'ottima vista, l'immagine della scrittrice sarda Grazia Deledda. La compagnia aerea low cost *Norwegian* ha infatti scelto di dedicarle uno degli aeromobili della propria flotta. Il suo ritratto campeggia su entrambi i lati della coda di un Boeing 737 MAX 8, presentandosi come il 119° personaggio famoso a comparire su uno degli aerei del vettore: il terzo personaggio italiano, dopo Cristoforo Colombo e Marco Polo. L'immagine della scrittrice è stata selezionata e fornita dall'Istituto Superiore Regionale Etnografico della Sardegna (*Isre*) e risale al primo decennio del Novecento.

Il genio del Premio Nobel per la Letteratura originaria di Nuoro continua a… volare alto!

"Un aereo Norwegian dedicato al Premio Nobel Grazia Deledda", *ANSA.it*, Sardegna, 27 settembre 2018. Link di riferimento: https://www.ansa.it/sardegna/notizie/2018/09/27/un-aereo-norwegian-dedicato-a-premio-nobel-grazia-deledda_a0941d93-bff5-415e-bafe-be0632397e2f.html.

69. «*Non conoscete il Nepente di Oliena neppure per fama? Ahi lasso!*»

«Il nepente già infuso, e a' servi imposto
Versar dall'urne nelle tazze il vino»
(*Odissea*, libro IV – Omero)

«Non conoscete il Nepente di Oliena
neppure per fama? Ahi lasso!»
(Gabriele D'Annunzio, dalla prefazione al libro di Hans Barth,
Osteria. Guida spirituale delle osterie italiane da Venezia a Capri,
Roma, 1910)

Due brevissime citazioni, che racchiudono una grande storia, legata alla Sardegna e alla sua ancestrale cultura vinicola.

Il Cannonau di Sardegna Nepente di Oliena è identificato e protetto come vino DOC. Viene rigorosamente prodotto a Oliena, da uve cannonau coltivate esclusivamente presso lo stesso comune e, in parte, provenienti da Orgosolo, nella provincia di Nuoro: secondo la disciplinare del Ministero dell'Agricoltura del 5 novembre 1992, infatti, non è consentito utilizzare altre varietà o che siano coltivate in altri comuni. Un vino celebre, ricercato e consumato a livello internazionale. E il cui nome racchiude una storia tanto affascinante quanto antica.

Il nome *Nepente*, infatti, deriva dal greco *ne* ('non') e *penthos* ('tristezza'), indicando il significato di *nessuna tristezza*. Tale termine fin dall'antichità è stato protagonista di grandi narrazioni, venendo citato – come osservato – già da Omero nel IV libro dell'*Odissea*: qui il termine indica la bevanda che Elena di Troia conservava per il marito Menelao, re di Sparta, per scacciare la sua tristezza; ella stessa, inoltre, lo fece servire a Telemaco, giunto alla sua corte in cerca di notizie del disperso padre Ulisse.

Raccogliendo quest'antica tradizione letteraria, fu proprio Gabriele D'Annunzio a celebrare con questo nome il Cannonau di Oliena, di cui aveva abbondantemente goduto in un suo viaggio giovanile nell'Isola, in quantità tali da incappare in una sbornia «quadriduana», ovvero di ben quattro giorni!

Fu lo stesso Vate a narrare questa avventura in una lettera scritta nel 1909 come prefazione di un famoso libro, *Osteria*, in cui Hans Barth, giornalista tedesco, valutava alcune delle più famose osterie d'Italia. Mancando però quelle relative alla Sardegna, a D'Annunzio parve un'immensa carenza, e così si espresse: «Non conoscete il Nepente d'Oliena neppure per fama? Ahi, lasso! [...] Ah, mio sitibondo Hans Barth, come le vostre nari sagaci avrebbero palpitato allorché il rosso Nepente sgorgò dal vetro con quel gorgoglio che suol trarvi dal gorgozzule quei "certi amorevoli scrocchi" – parla il nostro Firenzuola! – Avete nel cuore qualcuna di quelle Odi Purpuree di Hafiz che cantano il vino e la rosa? Ci parve che l'anima stessa dell'Anacreonte persiano emanasse dalla tazza colma, col colore del fuoco e con l'odore d'un profondo roseto. Certo, chi beve quel vino non ha bisogno d'inghirlandarsi».

Chiunque sollevi un calice ricolmo di questa rubina prelibatezza, può forse contraddire il sommo Vate?

Brigaglia M., "Dolce nepente d'Oliena, e il Vate scoprì nell'isola un vino degno dei poeti", in *La Nuova Sardegna* (Edizione Sassari), 28 luglio 1999.

Soldati M., *Vino al vino. Alla ricerca dei vini genuini*, Bompiani, Milano, 2017.

"D'Annunzio e l'elogio al Nepente", *Gostolai*. Link di riferimento: https://www.vinigostolai.com/d-annunzio-e-il-nepente.

70. Le origini sarde della fata madrina di *Cenerentola*

«Salagadula megicabula bibbidi-bobbidi-bu
Se le pronunci che avviene laggiù?
Bibbidi-bobbidi-bu»

Esisterà qualcuno capace di leggere queste parole senza seguire involontariamente il ritmo reso celebre dalla versione disneyana della fiaba di *Cenerentola*?

Il lungometraggio animato del 1950, 12° capolavoro della *Walt Disney Productions*, si ispirava alla favola omonima di Charles Perrault, ben noto autore francese del XVII secolo. Un lungo percorso filologico ha dimostrato, tuttavia, che prima di lui fu Giambattista Basile a raccontare la vicenda nel suo *Lo cunto de li cunti overo lo trattenemiento de peccerille*, una raccolta di cinquanta fiabe in lingua napoletana edite fra il 1634 e il 1636.

Questo contenzioso era destinato però ad ampliarsi oltre i confini europei, e oltre i secoli della modernità, poiché la favola deriverebbe dall'antica storia di Rodopi, citata sia da Erodoto che da Strabone come fiaba dell'Antico Egitto: sarebbe quest'ultima la versione più antica conosciuta. Attraverso i contatti tra la Grecia e l'Egitto, la fiaba divenne immensamente popolare, offrendosi nei secoli all'ispirazione dei narratori di tutto il mondo.

Cenerentola compare infatti in oltre trecento varianti in numerose tradizioni popolari molto distanti e apparentemente non comunicanti.

La si ritrova anche in Cina – circa 700 anni prima delle versioni di Basile e Perrault –, nella storia di Ye Xian o Yeh-Shen, raccontata da Tuan Ch'ing-Shih: è qui, per esempio, che compare il dettaglio dei piedi minuti della protagonista, notoriamente segno di nobiltà nella cultura cinese.

Tornando dunque alle versioni europee della fiaba, e in particolare alla forma dialettale narrata da Basile (*La gatta Cenerentola*, tradotta in italiano da Benedetto Croce), a interessare in particolar modo la presente trattazione è il fatto che le fate, centrali nello svolgimento della trama, vivano proprio in Sardegna! Oltretutto, laddove il principe si reca personalmente nell'Isola, è mostrato andare alla loro ricerca proprio in una particolare grotta, indicata come la loro casa: un chiaro riferimento alla tradizione delle antiche *domus de janas* ("casa delle fate")?

D'altronde, non è forse risaputo che la Sardegna sia sempre descritta come un'isola… da favola?

"Cenerentola", *Wikipedia*. Link di riferimento: https://it.wikipedia.org/wiki/Cenerentola.

"Cenerentola (film 1950)", *Wikipedia*. Link di riferimento: https://it.wikipedia.org/wiki/Cenerentola_(film_1950).

"La gatta Cenerentola", *Ti racconto una fiaba*. Link di riferimento: https://www.tiraccontounafiaba.it/fiabe-classiche/giovanbattista-basile/la-gatta-cenerentola.html.

"Giambattista Basile", *Wikipedia*. Link di riferimento: https://it.wikipedia.org/wiki/Giambattista_Basile.

"Lo cunto de li cunti", *Wikipedia*. Link di riferimento: https://it.wikipedia.org/wiki/Lo_cunto_de_li_cunti.

"Charles Perrault", *Wikipedia*. Link di riferimento: https://it.wikipedia.org/wiki/Charles_Perrault.

"Rodopi (fiaba)", *Wikipedia*. Link di riferimento: https://it.wikipedia.org/wiki/Rodopi_(fiaba).

71. Il fascino picaresco del *majolo* sardo

> «La più grossa seccatura di Cagliari
> per chi non lo sapesse, è il maiolo
> che se ne viene in città solo soletto,
> ancora ragazzo, per tentare la fortuna.»
> *Gaetano Canelles*

Solitamente non in molti hanno sentito parlare di *majoli*, e nella maggioranza dei casi non hanno mai sentito pronunciare questo nome. Eppure sono stati una realtà assai particolare della Sardegna, al punto da ispirare detti, tradizioni linguistiche e persino un romanzo.

Contestualizzati principalmente nel XIX secolo (per quanto non manchino attestazioni anche nel secolo precedente e in quello successivo), erano identificati con questo nome i giovani di origine contadina che conducevano gli studi nelle scuole di Cagliari: questi, non avendo in molti casi i mezzi per potersi permettere il vitto e l'alloggio, si industriavano per lavorare come domestici presso le famiglie facoltose della città.

Questi, in molti casi, non studiavano con profitto, cercando magari di ottenere l'ambito titolo di studio che permettesse loro di raggiungere un diverso ceto sociale, ma si trasferivano in città per lo più per sfuggire alla fatica dei campi, finendo così per commettere piccoli reati. Alla luce di questo problema, che andava diffondendosi in maniera incontrollata, lo stesso re Vittorio Emanuele I di Savoia nel 1808 emanò un editto mirato a regolamentare l'assunzione e gli spostamenti dei majoli: per potersi trasferire dai piccoli centri a Cagliari divenne necessaria una documentazione che attestasse le qualità morali dei giovani e le loro attitudini per lo studio!

Tanti scrittori celebri sono rimasti ispirati da queste figure: Francesco Alziator li paragonò a personaggi diffusi nella società spagnola e nella letteratura picaresca, come ad esempio il personaggio di Pablo di Segovia, protagonista della *Historia y vida del gran Tacano* di Francesco Quevedo; mentre Antoine Claude Valery, giunto in Sardegna agli inizi del XX secolo, annotò per Cagliari la presenza di ben ottocento majoli, su una popolazione complessiva di trentamila abitanti.

Fra tutti, però, a essere ispirato maggiormente dai majoli fu lo scrittore inglese John Galt, giunto in Sardegna nei primi anni del XIX secolo, che dedicò loro un romanzo: *The Majolo. A tale* ('Il Majolo. Un racconto'). Nella narrazione, è lo stesso Galt a incontrare nell'Ogliastra un uomo che parla inglese, e che può dunque raccontargli la sua avventura da majolo: una fuga dalle campagne alla ricerca di riscatto sociale nel capoluogo dell'Isola, e successivamente un'esistenza fatta di viaggi tra Italia ed Europa, costellata di incontri con personaggi straordinari e scandita da innumerevoli colpi di scena.

L'opera è stata tradotta e curata per la prima volta dalla casa editrice *Condaghes*, e riserva al lettore curioso un viaggio che varrà sicuramente la pena intraprendere, al seguito di una tipologia di avventuriero tipica dell'isola di Sardegna: il majolo!

Galt J., *Il Majolo: un racconto*, Condaghes, Cagliari, 1996.
Mameli G., "Uno scozzese e i 'majoli' della Sardegna", in *L'Unione Sarda*, 24 agosto 1997.

72. Harry Potter e i misteriosi *stregoni sardi*

Indipendentemente dall'età, sono tantissime le persone che, a distanza di anni dall'uscita del primo libro della celebre saga di Harry Potter, non si arrendono all'idea di essere semplici *babbani*, e aspettano ancora, con inesauribile pazienza, che un gufo bussi finalmente alla loro finestra portando con sé la loro lettera di iscrizione alla celebre Scuola di Magia e Stregoneria di Hogwarts. Per tutti coloro che vivono in Sardegna le speranze sono ancora più intense, laddove l'Isola ospiterebbe una secolare tradizione nell'ambito della magia, come riportato esplicitamente nelle opere della Rowling.

Infatti, nel secondo capitolo della celebre saga letteraria del mago più famoso al mondo, Harry Potter (*Harry Potter e la Camera dei Segreti*), il prof. Rüf della Scuola di Magia e Stregoneria di Hogwarts fa diretto riferimento agli *stregoni sardi*, citandoli in una lezione sulla Conferenza Internazionale dei Maghi del 1289.

«Il professore, sollevando lo sguardo nel bel mezzo di una lezione mortalmente noiosa sulla Conferenza Internazionale dei Maghi del 1289, parve stupito.
"Signorina… ehm…"
"Granger, professore. Mi chiedevo se lei poteva dirci qualcosa sulla Camera dei Segreti" chiese la ragazza con voce limpida.
Dean Thomas, che fino a quel momento aveva guardato fuori dalla finestra, uscì dalla trance con un sussulto; Lavanda Brown rialzò la testa che aveva appoggiato sulle braccia e a Neville scivolò il gomito giù dal banco.
Il professor Rüf sbatté le palpebre.
"La mia materia è Storia della Magia" disse con la sua vocetta secca. "Io mi occupo di fatti, signorina Granger, non di miti e leggende". Si schiarì la gola con un piccolo schiocco, come di un gessetto che si spezzasse, e proseguì: "Nel settembre di quello stesso anno, un sotto-comitato di stregoni sardi…"
Si interruppe un'altra volta. La mano di Hermione sventolava di nuovo in aria.

“Signorina Grant?”

“Granger, signore… Mi scusi, ma le leggende non si basano sempre su un fatto reale?” […]».

(Harry Potter e la Camera dei Segreti, Capitolo IX,
“La scritta sul muro”)

Rowling J.K., *Harry Potter and the Chamber of Secrets*, Bloomsbury Publishing PLC, Londra, 1998.

Rowling J.K., *Harry Potter e la Camera dei Segreti*, Salani, Firenze, 1999 (traduzione italiana).

73. Quanti nomi può avere una pecora?

Una peculiarità linguistica ripetuta in innumerevoli occasioni documentaristiche, saggistiche o di semplice intrattenimento, è il fatto che gli eschimesi possiedano nella loro lingua un bagaglio eccezionale di termini differenti per indicare la neve. In realtà, a quanto pare, questa incredibile varietà sarebbe una leggenda metropolitana sorta dalla cattiva interpretazione di un articolo risalente al 1986 della linguista Laura Martin, nel quale la studiosa sosteneva che essi utilizzassero solo circa quattro o cinque parole, con sfumature di significato differenti, per indicarla. La sua trattazione, tuttavia, era principalmente mirata a spiegare le relazioni esistenti tra linguaggio, cultura e percezione (ovvero: laddove gli eschimesi utilizzano quattro o cinque parole per definire la neve, mentre noi una sola, significa che la loro percezione della neve è diversa dalla nostra?). Da queste conclusioni, inutile dirlo, la teoria si è ampiamente modificata e mitizzata nel tempo.

Tuttavia, questo breve aneddoto ci permette di introdurre un'interessante peculiarità linguistica del sardo, attraverso cui emerge la molteplicità delle varietà di questa lingua parlate nell'Isola. Seppur non con significati tra loro differenti, infatti, in Sardegna vi sono ben 27 parole per indicare lo stesso animale: la pecora. Nella puntuale trattazione del *Ditzionàriu de sa Limba e de sa cultura sarda* ('Dizionario della lingua e della cultura sarda') curata dall'instancabile studioso Mario Puddu, si riscontrano le seguenti varianti: *airvèghe, albeghe, alveghe, arbeghe, arbei, ar-*

veghe, aveghe, barbèghe, barbèi, barveghe, berbeche, berbeghe, bervè, berveche, berveghe, beveghe, birveghe, brabei, brebè, brebeghe, brebei, brobei, ebrei, vervè, ciúrra, giurra, tzurra. Necessario specificare come questi ultimi tre termini abbiano effettivamente una sfumatura di significato peculiare e differente, indicando una pecora ormai vecchia o malridotta.

Insomma, laddove è risaputo come nell'Isola non sia affatto difficile incontrare quest'animale, ora è noto come allo stesso modo non sia problematico trovare un termine per indicarlo!

Martin L., "Eskimo Words for Snow": A Case Study in the Genesis and Decay of an Anthropological Example", in *American Anthropologist*, New Series, vol. 88, n. 2 (1986), pp. 418-423.

Puddu M., *Ditzionàriu de sa Limba e de sa cultura sarda*, II ed., Condaghes, Cagliari, 2015.

"Quante parole hanno gli eschimesi per dire 'neve'?", in *Il Post*, 1 febbraio 2015. Link di riferimento: https://www.ilpost.it/2015/02/01/quante-parole-hanno-gli-eschimesi-neve/.

74. Il conte sardo che inventò *La Settimana Enigmistica*

Ci fa compagnia sotto l'ombrellone ogni estate, o ci segue sul treno mentre andiamo al lavoro. Deturpiamo la foto del personaggio famoso in copertina nervosi perché non siamo riusciti a finire un Bartegazzi, oppure ci sfoghiamo "unendo i puntini".

Stiamo parlando del più celebre periodico di enigmistica: *La Settimana Enigmistica*.

Pochi forse sanno che l'ideatore e fondatore di questa celebre rivista, che «vanta innumerevoli tentativi d'imitazione», fu un conte sardo: Giorgio Sisini, rampollo di una ricca famiglia di Sorso (SS), dove nacque nel 1901. Figlio di Francesco, ingegnere commerciante di macchine agricole e industriali e fondatore del Rotary Club di Sassari, il giovane conte di Sant'Andrea viveva spensierato come un dandy, e a nulla valse, per raddrizzarlo, il tentativo del padre di farlo lavorare, in incognito, come operaio.

Riottoso a questo mestiere, Giorgio Sisini conseguì nel 1924 la laurea in Ingegneria Elettronica in Belgio, a Liegi. Ritornato nell'Isola, per un certo periodo si occupò degli affari di famiglia, ma poi decise di trasferirsi a Milano, dove conobbe e sposò una ragazza viennese, Idell Breitenfeld. Il padre non approvò questa scelta e gli negò la sua fortuna. Aiutato finanziariamente dalle sorelle, non aveva però di che vivere. L'idea della rivista nacque grazie alla moglie che, oltre ad avergli fatto conoscere un giornale di enigmistica che stava avendo grande successo in Austria, aveva portato da Londra una copia del *Sunday Express*, in cui appariva il *World cross puzzle* del giornalista angloamericano Arthur Wynne. Insomma, le parole crociate (sebbene le prime "parole incrociate" pare siano state un'invenzione dell'italiano Giuseppe Airoldi, che le pubblicò per primo ne *Il Secolo Illustrato della Domenica* il 14 settembre del 1890). Il copyright comunque spettò a Wynne, snobbato in America, dove infatti non ottenne il brevetto e dove il gioco non ebbe successo. Sisini, invece, ne intravide le enormi potenzialità e decise di pubblicare una rivista che contenesse un buon numero di questi rompicapi.

Aiutato finanziariamente anche dal padre, con il quale intanto si era riappacificato, pubblicò il primo numero de *La Settimana Enigmistica* il 23 gennaio 1932. La prima rivista costava 50 centesimi di lira e aveva 28 pagine. Per i primi tre anni, Sisini fu l'unico redattore, curava sia la parte grafica che quella editoriale. Il successo fu enorme e conobbe, fino a oggi, due sole interruzioni, negli anni 1943 e 1945, a causa degli eventi bellici.

Tale fu il successo che la rivista veniva spedita, in centinaia di copie, al fronte, per cercare di distrarre i soldati dagli orrori della guerra. E Sisini, in quanto unico redattore di questa rivista di successo, fu addirittura esonerato dal servizio militare.

Il conte di Sorso proseguì la sua carriera come editore ma passò in seguito ad altre imprese economiche, come la produzione di pellicole cinematografiche a colori e la fondazione della prima compagnia aerea italiana, l'Airone. Fino alla sua morte, nel 1972, si dilettò a creare enigmi per i lettori.

La rivista rimarrà sempre fedele a se stessa, e ospiterà fra le sue pagine i giochi di famosi enigmisti, come Piero Bartegazzi e Giancarlo Brighenti.

Se facendo un cruciverba, doveste trovare questa definizione di otto lettere, «Vi nacque l'inventore de *La Settimana Enigmistica*», sapete cosa scrivere!

Curreli P., "1932. Il dandy sardo Giorgio Sisini fa fortuna grazie ai rebus", in *La Nuova Sardegna*, 12 novembre 2013. Link di riferimento: https://www.lanuovasardegna.it/cagliari/cronaca/2023/07/02/news/tre-auto-in-fiamme-nel-quartiere-di-san-michele-1.100336744.

"Giorgio Sisini", *Wikipedia*. Link di riferimento: https://it.wikipedia.org/wiki/Giorgio_Sisini.

"Il sardo che inventò la Settimana enigmistica", in *L'Unione Sarda.it*, 11 ottobre 2020. Link di riferimento: https://www.unionesarda.it/3-minuti-con/il-sardo-che-invento-la-settimana-enigmistica-geccg9a6

"La Settimana Enigmistica", *Wikipedia*. Link di riferimento: https://it.wikipedia.org/wiki/La_Settimana_Enigmistica.

03❧80

TRADIZIONI

75. *Murra!* Alle origini di una tradizione millenaria
Unu! Duos! Tres! Bàtero! Chimbe! Ses! Sete! Oto! Noe! Murra!

Quando si esplorano nella mente i ricordi delle feste di paese o delle immancabili sagre, e si cerca di riacchiapparne sensazioni, immagini e suoni, difficilmente potranno mancare quelli della celebre *Murra*, con capannelli di persone intente a gridare i numeri prescelti, lanciandosi spesso in accese diatribe.

Nonostante il gioco sia una tradizione diffusissima in Sardegna, pochi sanno che ha origini antichissime, e non circoscritte alla sola Isola.

Secondo alcune ricerche, le origini della *Morra* (in italiano) risalirebbero addirittura all'Antico Egitto: un alto dignitario di corte della XXV dinastia, infatti, in una pittura parietale della sua tomba, è rappresentato nell'inconfondibile atto di stendere il braccio con un numero, contrapposto a un altro giocatore.

In una pittura vascolare greca, successiva di secoli, appare ancora una volta chiaro lo stesso gioco tra Elena e Paride, entrambi immortalati nell'atto di protendere le mani nel corso della partita.

Le tracce di quest'usanza proseguono poi in epoca romana, durante la quale era conosciuta e praticata con il nome di *Micatio* (da *Micare digitis*, 'segnare con le dita'): compare persino in un passo di Cicerone, il quale sostiene che «*dignus est quicum in tenebris mices*» («è persona degna quella con cui puoi giocare alla morra al buio», Cicerone, *De Officiis*, 3, 77).

Ancora ne *I Promessi Sposi* di Manzoni, quando i personaggi di Renzo, Tonio e Gervaso vanno all'osteria per i preparativi del tentato matrimonio, vengono descritte due persone che giocano.

Tale gioco popolare in Italia fu dichiarato illegale nel 1931, durante il Fascismo, in quanto considerato gioco d'azzardo. Che lo si creda o no, *sa murra* è ancora bandita nei luoghi pubblici, in base all'articolo 110 del Testo Unico per le Leggi in materia di Pubblica Sicurezza, ma è ormai comunemente tollerata, al punto che esiste la Federazione del Gioco della Morra e in alcuni paesi sardi vengono organizzati regolari tornei.

Le regole sono semplici (assai più complesso mantenere il ritmo!): si gioca principalmente in due, uno contro l'altro, ma esiste anche la variante che prevede due coppie. I giocatori dichiarano un numero inferiore a dieci, e nello stesso momento protendono il braccio: colui che indovina la somma delle dita mostrate dai due sfidanti si aggiudica un punto. Se la somma che si prevede è dieci, si dichiara ad alta voce *Murra!* A una terza persona è spesso assegnato il ruolo de *su contadori* ('colui che conta'), un arbitro a cui è affidato il verdetto qualora sorgano discussioni sulla somma.

Pronti? Il primo ad arrivare a sedici vince… ma non dimenticate: la *rivincita* e la *bella* sono praticamente obbligatorie!

"Morra", *Wikipedia*. Link di riferimento: https://it.wikipedia. org/wiki/Morra.

"Sa Murra sarda: il gioco tradizionale fatto di ritmo, scaltrezza, velocità e intuizione", *Vistanet*, 4 ottobre 2018. Link di riferimento: https://www.vistanet.it/cagliari/2018/10/04/aneddoti-storia-sardegna-sa-murra-sarda-gioco-tradizionale-ritmo-scaltrezza-velocita-intuizione-repost/.

76. Il Bisso, tesoro tessile della Sardegna

La Sardegna custodisce e protegge innumerevoli segreti, portatori di incredibile bellezza e profondo stupore: tra questi, sopravvive nell'Isola l'antica tradizione della lavorazione del bisso.

Questo è una fibra tessile di origine animale, una seta naturale marina ricavata dai filamenti secreti da una specie di molluschi bivalvi marini (*Pinna nobilis*), endemica del Mediterraneo, chiamata volgarmente *nacchera* o *penna*, e la cui lavorazione è stata sviluppata unicamente nell'area mediterranea.

Le fonti scritte ci raccontano come sin dall'antichità venissero ricavati da questa particolare fibra vesti di immenso valore, ostentate dai personaggi più ricchi e influenti di società come quella babilonese, assira, fenicia, ebraica, greca e in seguito roma-

na. Alcuni ricercatori hanno discusso la possibile identificazione, già a partire dall'Età del Ferro, della seta marina con la fibra indicata durante tutto il I millennio a.C. con il termine bisso. Una parte della comunità scientifica, tuttavia, ritiene invece che le antiche citazioni di questo termine fossero riferite piuttosto a una qualità superiore di lino o addirittura di cotone, sostenendo per quelle epoche la mancata conoscenza dell'omonima fibra animale.

Nell'ottica delle fonti archeologiche, il più antico manufatto in seta marina attualmente rinvenuto risale solo al IV secolo: le particolari fibre furono scoperte nel 1912 in una tomba femminile ad Aquincum (l'attuale Budapest), reperto che tuttavia andò distrutto nel corso della Seconda guerra mondiale. Attualmente, dunque, la fonte archeologica più antica è una cuffia lavorata a maglia databile al XIV secolo, ritrovata nel corso di una campagna di scavi condotti presso la basilica di Saint Denis a Parigi.

Proiettandoci nel presente, si trova in Sardegna l'ultimo rifugio in cui sopravvive la conoscenza dei segreti legati alla lavorazione di questa morbida fibra bruno-dorata, tutt'oggi filata, tessuta e impiegata nella realizzazione di preziosissimi ricami. È il paese di Sant'Antioco a custodire questa rarissima tradizione attraverso l'instancabile operato di alcune Maestre del Bisso, tra le quali la celebre Chiara Vigo – candidata a patrimonio immateriale dell'Unesco dal 2005 –, i cui lavori si possono ammirare presso il Museo del Bisso, e le sorelle Giuseppina e Assuntina Pes, curatrici della sezione relativa alla seta marina presso il Museo Etnografico del paese.

La *Pinna nobilis*, tuttavia, è considerata a rischio estinzione a causa della pesca indiscriminata, dell'inquinamento e della diminuzione delle aree che presentano le caratteristiche necessarie per ospitarla, e la specie è dunque sottoposta a regime di protezione e tutela in conformità. Sulla base di questi atti ufficiali è proibita la raccolta, l'uccisione, la detenzione, la commercializzazione e persino l'esposizione ai fini commerciali della specie. Un decreto di protezione che paradossalmente non riguarda però il suo habitat, per cui, utilizzando le stesse parole di Chiara Vigo: «Se noi proteggiamo la pinna ma non dove vive, non serve a nulla». Per quanto non sia impedita l'importazione da Paesi in cui l'animale non è protetto, la compravendita di questo bene risulta economicamente insostenibile per la stessa Maestra del Bisso. Un business impossibile, dunque, che rischia di condurre alla scomparsa definitiva di una tradizione tanto antica quanto preziosa della Storia dell'Uomo.

Cupelli C., "Chiara, l'ultima donna a tessere la 'seta del mare'", in *La Stampa*, 12 ottobre 2017. Link di riferimento: https://www.lastampa.it/2017/10/12/societa/lultima-donna-a-tessere-la-seta-del-mare-pCmmCc5W3rHydBIBf3djJP/pagina.html.

Pronzato L., "Sapete che cosa è il bisso? Non si vende e non si compera", in *Corriere della Sera*, 4 dicembre 2014. Link di riferimento: https://www.corriere.it/moda/news/14_dicembre_04/sapete-che-cosa-bisso-non-si-vende-non-si-compera-eed4b53a-7bb8-11e4-b47e-625f49797245.shtml?refresh_ce-cp.

"Bisso", *Wikipedia*. Link di riferimento: https://it.wikipedia.org/wiki/Bisso.

77. LE DONNE DELLA BARBAGIA SECONDO DANTE

La Barbagia di Sardigna assai
ne le femmine sue più è pudica
che la Barbagia dov'io la lasciai

Siamo nella VI cornice del *Purgatorio*, tra i golosi. Qui Dante incontra il suo amico e poeta Forese Donati, il quale, parlando di sua moglie Nella, si rammarica di averla abbandonata, vedova, a Firenze (*dov'io la lasciai*), dove la donna costituirebbe l'unico esempio di virtù tra tutte quelle fiorentine, che avevano dei costumi assai impudichi. Per rendere l'idea, a Donati serve un termine di paragone. Ed ecco le donne della Barbagia: se queste, a quanto pare già di per sé impudiche, rispetto alle fiorentine sono addirittura morigerate, allora per le donne di Firenze non c'è speranza, e infatti prevede per loro un duro castigo.

In poche parole: a Firenze si trovano donne ancor più scostumate di quelle barbaricine.

Se adesso ci soffermiamo sull'immagine di uno dei preziosi abiti tradizionali della Barbagia (basti ricordare quelli variopinti di Orgosolo e Desulo), esempi di eleganza e raffinatezza, di sicuro ci sentiremo un po' straniti.

Non possiamo sapere con esattezza come fosse il costume tradizione sardo nell'epoca in cui Dante scrisse il *Purgatorio* (siamo nel primo decennio del 1300), ma alcuni studiosi ci vengono in aiuto.

Sebbene non ci siano prove che il Sommo Poeta abbia visitato la Sardegna, come altre persone in quell'epoca potrebbe aver associato questa zona della Sardegna a degli usi e costumi "barbari", secondo cui le donne circolavano, magari, semisvestite.

Nella prefazione al libro di Pantaleo Ledda, *Dante e la Sardegna*, Giovanni Mameli affronta la questione: «uno dei motivi di tale scandalo sarebbe dovuto talla moda di tenere il seno scoperto. O meglio, le donne usavano delle camicie così scollate che era facile scorgere questa parte del loro corpo. Attraverso una lunga rassegna di testimonianze scritte, Ledda traccia un breve quadro della moda femminile delle zone interne della nostra Isola. Arriva a una conclusione sorprendente, alla fine: nei costumi delle donne sarde non vi è nulla di strano, i vestiti sono belli e pittoreschi e l'accusa di immoralità non ha nessun fondamento. Le testimonianze dimostrano invece una copertura del corpo, dove il viso addirittura in certe circostanze viene coperto da un velo».

E allora forse la ragione di tale "audacia" potrebbe essere ricercata nei corpetti dell'abito tradizionale sardo, comuni a ogni zona della Sardegna, che, attillati, mettono in risalto il seno. Una caratteristica che secondo alcuni studiosi hanno in comune con i costumi dei popoli minoici con cui gli antichi sardi – i nuragici – erano entrati in contatto. Si ricorda in proposito un bronzetto rappresentante una donna "offerente" che sembra indossare una tipica gonna a sbalzo, uno degli altri caratteri distintivi dell'abito tradizionale sardo femminile.

Se Dante avesse visto le donne sarde con un tipico vestito della Barbagia, con i ricami raffinati che impreziosiscono i fazzoletti, le camicie di lino, i corsetti di broccato e i giubbetti, sopra le eleganti gonne plissettate, avrebbe riservato loro un posto in *Paradiso*.

Ledda P., *Dante e la Sardegna*, GIA, Cagliari, 1994.
Malandrone A., "Nell'abito tradizionale sardo, la storia della Sardegna", *Nurnet*. Link di riferimento: https://www.nurnet.net/blog/nellabito-tradizionale-sardo-la-storia-della-sardegna/.
"Dai due "barattieri" alle barbaricine | La Sardegna vista da Dante Alighieri", in *Cagliaripad*, 25 marzo 2023. Link di riferimento: https://www.cagliaripad.it/586028/dai-due-barattieri-alle-barbaricine-la-sardegna-vista-da-dante-alighieri/.

ॐ

CUCINA

78. Eccezionali primati dei prodotti alimentari sardi

In una terra di arcaiche e prelibate tradizioni culinarie come la

Sardegna non stupisce il ritrovare primati legati a prodotti alimentari di altissimo livello internazionale certificato.

In primis, l'Isola si classifica a livello mondiale come la più grande esportatrice di formaggio pecorino, secondo quanto confermato nei più recenti studi condotti da Jean Christophe Paoli, ricercatore agroeconomista corso dell'INRA, il prestigioso Istituto Nazionale di Ricerca Agronomica francese.

Tra gli altri fiori all'occhiello sardi, meritano senza dubbio una nota particolare gli oli dell'azienda agricola *Masoni Becciu* di Villacidro (provincia del Medio Campidano). Nella XXI edizione del concorso oleario internazionale Sol d'Oro Verona, *Cuncordu* si è aggiudicato Il Sol D'oro come miglior olio biologico al mondo; mentre *Alphabetum* ha conquistato il Sol D'argento come miglior olio extra vergine al mondo. Questi pregiati oli hanno superato in qualità prodotti pregiati di centinaia di produttori provenienti da diversi paesi del mondo. Tanto di scarpetta!

Sarebbe davvero troppo lungo elencare i prestigiosi riconoscimenti dei vini sardi che oramai hanno conquistato le tavole di tutto il mondo, dal Vermentino al Cannonau, dal Carignano al Bovale. Per limitarci agli ultimi anni, nell'ambito della *5StarWines*, la selezione annuale di vini organizzata durante il Vinitaly, un riconoscimento che ha reso fiera tutta l'Isola è quello attribuito nel 2019 al vino della Cantina Tani di Monti (provincia di Sassari), il *Serranu* (Isola dei Nuraghi Igt), premiato dalla guida come miglior vino rosso italiano, con un punteggio attribuitogli di 95 punti su 100; mentre nell'edizione 2022, il *Bàcco* della cantina gallurese Siddùra (Luogosanto, in provincia di Sassari), con 93 punti, è stato giudicato dagli esperti il miglior Carignano. In alto i bicchieri per il vincitore!

Paoli J.-C., *Printzipàles e pastori sardi. Origine e trasformazione di un allevamento ovino mediterraneo*, Condaghes, Cagliari, 2018.
"Bàcco di Siddùra miglior Carignano per la guida 5StarWines", in *ANSA.it*, 07 aprile 2022. Link di riferimento: https://www.ansa.it/sardegna/notizie/terraegusto/2022/04/07/bac-

co-di-siddura-miglior-carignano-per-la-guida-5starwines_
c327ad74-1356-4e63-b18a-e247c00fd896.htm*l*

"L'Azienda Masoni Becciu di Villacidro ha vinto la XXI edizione del concorso oleario internazionale Sol d'Oro Verona", in *La Provincia del Sud Sardegna*, 28 febbraio 2023. Link di riferimento: https://www.laprovinciadelsulcisiglesiente.com/2023/02/lazienda-masoni-becciu-di-villacidro-ha-vinto-la-xxi-edizione-del-concorso-oleario-internazionale-sol-doro-verona/.

"Vinitaly: è sardo il miglior rosso d'Italia", in *ANSA.it*, 8 aprile 2019. Link di riferimento: http://www.ansa.it/canale_terra-egusto/notizie/vino/2019/04/08/vinitaly-e-sardo-il-miglior-rosso-ditalia_bf1a96ef-b309-4ecf-83ed-c79b4941584d.html.

79. "Su casu martzu"
nel *Museo dei cibi disgustosi* svedese

Con l'indicazione *casu martzu* ('formaggio marcio') ci si riferisce a un formaggio pecorino o caprino colonizzato dalle larve della mosca conosciuta, per questa sua natura, come *mosca casearia* (*Piophila casei*). A seconda delle regioni dell'Isola, questo formaggio è conosciuto come *casu martzu, casu fràzigu, casu mùchidu, casu modde, casu bèiu, casu fatitu, casu giampagadu, casu 'atu, casu cundítu.*

Le norme dall'Unione Europea ne vietano la produzione, e ne è proibita la commercializzazione, dal momento che risulta in contrasto con le norme igieniche e sanitarie stabilite in sede comunitaria. Al fine di salvaguardare questo prodotto, la regione Sardegna lo ha inserito nell'elenco dei *prodotti agroalimentari tradizionali italiani* e alcuni allevatori sardi, affiancati e coadiuvati dalle istituzioni scientifiche universitarie, hanno portato avanti una serie di iniziative e ricerche al fine di poterne proseguire la produzione legalmente e con le adeguate garanzie igieniche.

Considerato in Sardegna una prelibatezza, si ritrova tuttavia puntualmente ai primi posti nelle classifiche internazionali dedicate ai cibi più disgustosi e ripugnanti del pianeta. A confermare questa visione – che tuttavia certamente poco seguito trova nell'Isola –, un posto di rilievo è stato dato a questo particolare pro-

dotto nel *Disgusting Food Museum* ('Museo dei Cibi Disgustosi') di Malmö, in Svezia. Sono qui esposte 82 pietanze estremamente particolari, provenienti da tutto il mondo, che vanno dall'*hakar*, lo squalo marcio consumato in Islanda, al pene crudo di bue, direttamente dalle cucine della Cina, al *durian*, un frutto dall'odore talmente forte da esserne stato vietato il consumo sui mezzi pubblici nel Sud-Est asiatico.

Obiettivo dell'ideatore di questa particolare istituzione, lo psicologo americano Samuel West, è quello di mostrare l'enorme varietà esistente nella concezione del gusto, per cui paradossalmente, in base alla provenienza del visitatore, ciascun settore di questo museo degli orrori può tramutarsi in un museo delle prelibatezze.

Gli olfatti più fini possono rassicurarsi: a causa del suo forte odore peculiare, *su casu martzu* è esposto in un barattolo ermetico.

"Casu fràzigu o casu martzu", *Wikipedia*. Link di riferimento: https://it.wikipedia.org/wiki/Casu_frazigu.
"Most disgusting foods", *Disgusting Food Museum*. Link di riferimento: https://disgustingfoodmuseum.com/most-disgusting-foods-in-the-world/.

80. LE INNUMEREVOLI VARIETÀ DEL PANE SARDO

«Il pane è il re della tavola e tutto il resto è solo la corte che lo circonda» scriveva Louis Bromfield, scrittore Premio Pulitzer nel 1926. Seguendo questa efficace immagine, nel visitare la Sardegna è sempre immenso lo stupore nello scoprire di quante vesti faccia sfoggio questo re!

Sarebbe impossibile, per lo spazio concesso da quest'opera, anche solo pensare di poter elencare tutti i tipi di pane prodotti nell'Isola, che variano, per ingredienti, fattura e cottura, non solo da paese a paese, quanto talvolta di famiglia in famiglia.

Scegliendo di elencare alcune macrovarietà principali, un posto di rilievo trovano:

- *su Civraxu*, pane tipico quotidiano, grosso e con mollica, di produzione largamente diffusa, ma tipica del meridione dell'Isola (il più noto è quello di Sanluri, al punto che in altre realtà tale pane era identificato proprio come *pane di Sanluri*);
- *su pani Carasau* (o *Carasatu*, *Carasadu*), forse il più noto della cucina sarda, caratteristico del centro Sardegna (Barbagia e Nuorese), realizzato in dischi sottili e croccanti, conosciuto anche come *carta musica*, proprio alla luce della sua sottigliezza: il nome deriva dal metodo di preparazione, che prevede una fase di *carasatura*, ovvero una cottura per renderlo croccante;
- *s'Ispianada*: pane circolare e piatto, di impasto duro, lievitato e salato, ma di consistenza morbida e flessibile; senza mollica, è divisibile in due fogli, diffuso in particolare nel Sassarese;
- *su Cocoi*, tipicamente il pane delle feste, preparato per la celebrazione di matrimoni e per le ricorrenze della Pasqua, considerato di pregio poiché preparato con sola semola di grano duro, e alla luce delle sue forme particolari e decorate, espressione dell'abilità artistica delle donne che lo impastavano: lo si ritrova in innumerevoli varietà, in base alla particolare ricorrenza per la quale è preparato;
- *sa Costedda*, confezionato secondo procedimenti simili a quelli del *Civraxu*, veniva realizzato con il fior di farina e fatto lievitare con *su frumentu sardu* (il lievito tradizionale): conosciuto anche come *lada* o *ladixedda*, viene declinato in numerose varianti,

quali ad esempio *sa costedda cun arrescotu* (con semola e ricotta), *sa costedda cun pabassa* (con semola e uva passa, preparato in occasione delle grandi feste), *sa costedda cun gerda* (con semola e ciccioli, in occasione dell'uccisione del maiale).

Oltre alle varietà tipiche, che non si esauriscono certo qui, si potrebbe poi parlare a lungo dei pani realizzati appositamente per particolari feste. Tra questi ricordiamo, ad esempio:

– *su Bachidde 'e deu*, preparato per il Capodanno: un pane a forma di piccolo bastone, con la parte superiore a spirale e l'inferiore divisa in due, simile a una V rovesciata (per rappresentare il bastone vescovile), donato ai bambini durante i loro giri di questua;

– *su Pani de cojuados noos*, preparato in occasione dei matrimoni: un pane bianco e piccolo, senza spessore, in genere a forma di cuore, stella, a mezza luna, sole, nido, decorato sia a intaglio che a impressione, poi rifinito con la lucidatura.

Ancora degni di trattazione sarebbero poi i *pani scultura*, come:

– *sa Tunda*, grande pane di forma rotonda, sul quale venivano rappresentati dei buoi aggiogati, un uomo nell'atto della semina, un grappolo d'uva, una spiga, un fiasco di vino e degli uccellini (diffuso in agro di Busachi, era considerato di buon auspicio per l'andamento del lavoro agricolo: in occasione del Capodanno veniva tagliato dal capofamiglia, che prendeva per sé la prima fetta e riservava la seconda al bestiame, mentre il resto veniva destinato alla famiglia e ai questuanti);

– *sa Pertusita*, grande pane la cui decorazione raffigurava scene di vita pastorale, come l'ovile, il pastore, le pecore, il cane (era oggetto di dono nel Meilogu e nel Logudoro durante il Capodanno o l'Epifania, mentre in Barbagia veniva regalato per Pasqua).

Ci sarebbero poi, ancora, i *pani giocattolo* destinati ai bambini, realizzati a forma di bamboline, cavallini, collane, biciclette, che spesso perdevano la funzione di alimento e venivano usati semplicemente come balocchi.

Un elenco dettagliato richiederebbe uno spazio molto più vasto e articolato. Sia lasciato a queste brevi righe il solo compito di ricordarci con quanto stupore ogni persona dovrebbe entrare in un panificio della Sardegna, tempio di tradizioni e varietà innumerevoli: probabilmente una delle realtà al mondo con la più ampia molteplicità per numero di abitanti!

AA.VV., *Pani. Tradizioni e prospettive della panificazione in Sardegna*, Ilisso, Nuoro, 2006.
Dedola S., *I pani della Sardegna*, Grafica del Parteolla, Dolianova, 2008.
"Il pane in Sardegna. Tipi di pane", *Sardinia Point*. Link di riferimento: http://www.sardiniapoint.it/1151.html.
"Pane di Sardegna. Tutti i tipi di pane sardo", *Le vie del Gusto. Piatti tipici sardi*. Link di riferimento: https://piatti-tipici-sardi.leviedellasardegna.eu/pane_di_sardegna.html.
"Pane tipico Sardegna", *Alimentipedia*. Link di riferimento: https://www.alimentipedia.it/pane-tipico-sardegna.html.

81. Sardegna, sardi, sarde e sardine

La tradizione culinaria vuole che siano i pesci più piccoli a riservare i gusti più forti, ricercati, prelibati.

La *sardina*, considerato un pesce "povero", con il suo gusto inconfondibile unisce le tavole di tutta Italia, protagonista indiscussa di varie pietanze rinomate, che vanno dalla *pasta con le sarde* palermitana, alle *sarde in saor* veneziane alle *sarde ripiene* liguri.

Secondo alcuni studiosi, il legame del nome di questo pesce con quello della Sardegna troverebbe attestazione nelle parole di Aristotele, che avrebbe indicato gli abitanti dell'Isola come i primi abili pescatori di sardine e commercianti di questo prodotto – conservato sotto sale – in tutto il bacino del Mediterraneo.

Il *Vocabolario Etimologico della Lingua Italiana* di Ottorino Pianigiani evidenzia questo legame, sottolineando come nei mari dell'Isola esso sia presente e pescabile in abbondanza.

Molti secoli dopo, lo scrittore francese Alexandre Dumas, d'altronde, avrebbe ribadito quest'ultima osservazione sulla sardina: «Molto abbondante anche nel Mediterraneo e soprattutto nei dintorni della Sardegna [...]».

Ancora una volta, i Sardi si attestano nella Storia come pionieri del buon gusto a tavola!

PIANIGIANI O., "Sarda, Sardina", in *Vocabolario Etimologico della Lingua Italiana*. Versione online reperibile al link: https://www.etimo.it/?term=sarda.
"Lo sapevate? Ecco perché le sardine si chiamano così (Sì, c'entra la Sardegna)", *Vistanet*, 24 dicembre 2018. Link di riferimento: https://www.vistanet.it/cagliari/2018/12/24/lo-sapevate-ecco-perche-le-sardine-si-chiamano-cosi-si-centra-la-sardegna-aristotele/.

82. IL SEGRETO DELLA RICETTA PIÙ COMPLESSA AL MONDO

Secondo un'antica e radicata tradizione secolare, durante le notti del 1° maggio e del 4 ottobre, dopo un lungo cammino, i fedeli partiti dalla chiesa del Rosario di Nuoro raggiungono a piedi il santuario campestre di San Francesco di Lula – sorto nel punto in cui, nel XVII secolo, un bandito nuorese edificò una chiesetta come ex voto per essere stato scagionato da ingiuste accuse – e qui, al loro arrivo, i priori offrono ai pellegrini un prelibato piatto di minestra.

Potrà sembrare un magro pasto, forse addirittura banale? Tutt'altro. In questa minestra è infatti contenuto il celebre *filindeu* ('fili di Dio'), considerato il tipo di pasta più raro al mondo!

Una tradizione culinaria unica, tipica del nuorese, i cui segreti sono oggi custoditi dall'esperienza di pochissime persone, tra le quali l'autoctona Paola Abraini, a cui ha fatto visita persino la casa di produzione cinematografica inglese *BBC*, mossasi alla scoperta di questa tradizione unica e misteriosa.

La ricetta, tuttavia, non è un segreto: l'impasto è costituito da semola di grano duro e acqua, che viene lavorato a mano per circa un'ora, costantemente idratato con una soluzione di acqua e sale, fino al raggiungimento della consistenza ottimale. La pasta, tagliata a pezzi da un etto, in un primo momento viene arrotolata in cilindri, dunque stirata a mano e piegata in due, poi in quattro e così via, per altre sei volte. Si ottiene in tal modo una serie di 256 (2^8) lunghi fili, che vengono stesi su un piano tondo di circa mezzo me-

tro di diametro, realizzato in foglie di asfodelo al fine di favorirne l'essiccazione. Una volta ricoperto tutto il piano con fili paralleli, si posano altre serie di fili con orientamento divergente di circa sessanta gradi per altri due strati, e si lascia essiccare il tutto. Tagliato a pezzi, il *filindeu* viene poi immerso nel brodo di carne di pecora in ebollizione a cui, infine, si aggiunge il pecorino fresco acidificato.

Tutto qui? Questo commento potrebbe essere tanto affrettato quanto arrogante. Infatti, pare non ci siano né tempi, né indicazioni precise, sostituite dalla sola esperienza, l'unica che permetterebbe di capire il momento esatto in cui la massa di farina e acqua risulti pronta per essere trasformata nei sottili filamenti.

Basti pensare che con scarso successo la Barilla si è cimentata nel tentativo di ricreare e commercializzare questa pasta, e lo stesso cuoco di ampia fama Jamie Oliver, dopo aver tentato per ore, a casa della suddetta Paola, si è arreso con le parole: «Ho fatto pasta per più di vent'anni, ma non ho mai visto una cosa come questa!».

Sarà dunque meglio cimentarsi come semplici, fortunati degustatori, lasciando la fattura della pietanza alle preziose mani delle esperte custodi sarde di questo antico segreto?

Alfè C., "Ma cos'avrà di tanto speciale la pasta (italiana) più rara del mondo", *Dissapore*, 6 novembre 2016.

Link di riferimento: https://www.dissapore.com/ricette/su-filindeu-la-pasta-piu-rara-del-mondo/.

"Filindeu", *Wikipedia*. Link di riferimento: https://it.wikipedia.org/wiki/Filindeu.

"Lo sapevate? 'Su Filindeu' prodotto in Sardegna è la pasta più rara e particolare del mondo", *Vistanet*, 15 dicembre 2017. Link di riferimento: https://www.vistanet.it/cagliari/2017/12/15/lo-sapevate-su-filindeu-prodotto-in-sardegna-e-la-pasta-piu-rara-e-particolare-del-mondo/.

83. La Sardegna, patria dell'antico "Liquore di Venere"

Sono tante le peculiarità e unicità della Sardegna che a tal punto fanno inestricabilmente parte della sua identità da essere ormai osservate più nell'ottica di una riconosciuta quotidianità che in quella del loro assoluto primato. Tra queste, si inserisce senza dubbio la più grande e diversificata produzione al mondo di un particolare liquore: il *Mirto*.

Questa prelibatezza alcolica prende il suo nome dalla pianta le cui bacche offrono l'ingrediente fondamentale, diffusissima in tutta l'Isola, ed elemento caratteristico e inconfondibile del paesaggio mediterraneo e della sua identità comune.

Le fonti antiche relative a questo arbusto aromatico sono innumerevoli: per i greci, ad esempio, il mirto era pianta sacra a Venere, in quanto si riteneva che la dea, appena nata dalla spuma del mare, si fosse rifugiata in un boschetto di mirti, secondo quanto ci viene narrato da Ovidio (*Metamorfosi*, II, 234). Allo stesso modo, consideravano il mirto un arbusto sacro, facendolo derivare dalla bellissima ninfa Myrsine, e cingevano le teste degli sposi con corone intrecciate dei suoi rami.

Sebbene il *Myrtus communis* faccia dunque parte dell'identità mediterranea, è il mirto della Sardegna a essere il più conosciuto e apprezzato, al punto che attraverso il decreto-legge n. 173 del 1998, articolo 8, comma 1, il Mirto di Sardegna è stato inserito nell'elenco ufficiale dei Prodotti Tradizionali.

Questo particolare liquore è diffuso e prodotto anche in Corsica, ma l'introduzione nell'isola francese è dovuta ai banditi della Gallura, che cercando riparo nell'isola vicina, portarono con sé oltre le Bocche di Bonifacio il prezioso liquore, un tempo proibito da editti o pregoni.

Attualmente sono presenti sul territorio sardo cinque o sei aziende che producono liquore a livello industriale, distribuendolo su un mercato globale, portando dunque questo prodotto tanto sulle tavole più comuni, quanto su quelle ricercate e sofisticate ai più alti livelli della ristorazione internazionale. Allo stesso modo, il liquore viene largamente prodotto sul territorio nella dimensione domestica delle famiglie dell'Isola, secondo una varietà amplissima di ricette, frutto di segreti tramandati gelosamente di generazione in generazione.

Un multiforme primato della Sardegna nel mondo, a cui – e con cui – brindare! Ma con cautela: non si dimentichi che la gradazione alcolica comune si aggira tra i 30 e i 32 gradi.

Guigoni A., "Il mirto, un elisir antico che simboleggia l'ospitalità della Sardegna", *Reporter Gourmet. La ricerca del gusto*, 25 agosto 2017. Link di riferimento: https://reportergourmet.com/70384/il-mirto-un-elisir-antico-che-simboleggia-lospitalita-della-sardegna.html.

"Liquore di mirto", *Wikipedia*. Link di riferimento: https://it.wikipedia.org/wiki/Liquore_di_mirto.

"Myrtus communis", *Wikipedia*. Link di riferimento: https://it.wikipedia.org/wiki/Myrtus_communis.

CINEMA

84. I Fratelli Lumière e la Sardegna: alle origini del cinema il primo documentario sull'Isola

Il primo documentario girato in Sardegna fu commissionato dagli stessi fratelli Lumière, celebri inventori del cinematografo,

solo quattro anni dopo la nascita della loro grandiosa invenzione. Correva l'anno 1899, e i padri del Cinema mondiale inviarono in terra sarda un loro operatore, Francesco Felicetti, con l'obiettivo di seguire il re Umberto I di Savoia nella sua visita dell'Isola.

Il documentario prende il titolo di *Voyage du Roi Humbert Ier en Sardaigne*, e si compone di pochi minuti di riprese, una sequenza di immagini veloci tipiche di quel genere definito allora *cineattualità*: si possono osservare i sovrani nel corso dell'inaugurazione del monumento a Vittorio Emanuele II in piazza d'Italia a Sassari, una sfilata di costume e cavalli, la visita a una miniera.

In quei suoi primi storici passi l'obiettivo della Settima Arte era mostrare la realtà così come si presentava agli occhi dello spettatore, senza ancora una vera e propria narrazione, ma piuttosto attraverso "vedute animate", in cui l'interesse principale risiedeva nello stesso miracolo del movimento in sé, conducendo lo spettatore in realtà talvolta lontane, immortalando genti, luoghi simbolo, curiosità, scene di vita quotidiana.

Il documentario ambientato in Sardegna è stato restaurato in occasione del centenario del Cinema nel 1995 dalla *Lumière*, ed è stato poi donato in copia alla *Cineteca Sarda*. Lo studio di questo prezioso documento ha messo in risalto l'interessante prospettiva secondo la quale tale filmato avrebbe codificato alcuni elementi costitutivi (attività dei governanti, opere pubbliche, tradizioni popolari) seguiti e rispettati da parte di quasi tutti i cineasti almeno fino agli anni Sessanta.

BELLU F., "La prima Cavalcata sarda nel b/n filmato dagli operatori dei Lumière", *Sassari Notizie*, 20 maggio 2012.
OLLA G., *Dai Lumière a Sonetàula. 109 anni di film, documentari, fiction e inchieste televisive sulla Sardegna*, CUEC, Cagliari, 2008.

85. GLI SCENARI SARDI IN UN CLASSICO DELLA STORIA DEL CINEMA

Travolti da un insolito destino nell'azzurro mare d'agosto è entrato di diritto nel pantheon cinematografico italiano, grazie alla sapiente regia di Lina Wertmüller e alle magistrali e indimenticabili interpretazioni di Giancarlo Giannini e Mariangela Melato. Ad assicurare un tale imperituro successo al film sono anche gli idilliaci scenari che sfilano ininterrottamente sotto gli occhi degli spettatori, tutti inconfondibili scorci della Sardegna.

Il film è stato infatti girato lungo la costa orientale sarda, in provincia di Nuoro. La spiaggia dello sbarco dei due naufraghi, ad esempio, è *Cala Fuili*, nel comune di Dorgali; mentre il rifugio di Carunchio, interpretato da Giannini, è stato creato tra le dune di Capo Comino – comune di Siniscola –, dove sono state girate anche le scene più sensuali. La spiaggia di *Cala Luna*, a cavallo fra il comune di Dorgali e quello di Baunei, è stata poi il set di gran parte delle riprese. Dunque, nonostante nel film sembri che i naufraghi si muovano su un'unica spiaggia, in realtà questi lidi sono distanti tra loro parecchi chilometri. La scena finale, nella quale si assiste alla partenza dell'elicottero, è invece ambientata nel porto di Arbatax, in Ogliastra.

Tanto successo la Sardegna ha assicurato alla pellicola, che gli stessi luoghi sono stati scelti da Guy Ritchie per il remake del film, *Travolti dal destino* (*Swept away*), del 2002. In questa

nuova versione del grande classico i ruoli principali sono stati interpretati nientemeno che dalla cantante americana *Madonna* – moglie del regista – e da Adriano Giannini, impegnato nello stesso ruolo che fu del padre nella versione originale del film. Il remake si è però rivelato un flop colossale, al punto da riuscire nell'inusuale risultato di unificare la critica internazionale nell'invitare concordemente la star musicale americana ad allontanarsi definitivamente dal mondo del Cinema.

"Travolti da un insolito destino nell'azzurro mare d'agosto", *Wikipedia*. Link di riferimento: https://it.wikipedia.org/wiki/Travolti_da_un_insolito_destino_nell%27azzurro_mare_d%27agosto.
"Travolti dal destino", *Wikipedia*. Link di riferimento: https://it.wikipedia.org/wiki/Travolti_dal_destino.
"Travolti da un insolito insuccesso", *Film.it*, 13 novembre 2002. Link di riferimento: https://www.film.it/news/film/dettaglio/art/travolti-da-un-insolito-insuccesso-14135/.

86. WALT DISNEY E L'ISOLA DA FIABA

Che la Sardegna sia una terra dal fascino fiabesco non è certo una rivelazione sorprendente, essendo sufficiente affondare liberamente il proprio sguardo nei suoi paesaggi e nel cuore delle sue ancestrali tradizioni. Non dovrebbe stupire, dunque, scoprire

che nel 1956 l'ineclissabile icona del mondo della fantasia, Walt Disney, abbia prodotto un documentario di genere etnografico dedicato proprio all'Isola: il titolo originale inglese era semplicemente *Sardinia*, che in italiano divenne *Sardegna antica*.

Questo racconto per immagini è inserito in una serie dal titolo *Genti e Paesi*, girato in diverse parti del mondo tra il 1953 e il 1960, in cui i sardi trovano posto al fianco di popoli ancestrali come i navajos, gli uomini blu del Marocco, i lapponi o i popoli dell'Amazzonia.

La storia dell'Isola e le sue tradizioni, così come i suoi usi e i suoi costumi, sono descritte attraverso una narrazione dai toni fiabeschi, artefatta e idealizzata, da cui emerge una lettura idilliaca della Sardegna, abitata da genti inesauribilmente felici e ospitali, che indossano costumi variopinti e conducono un'esistenza legata a tempi e modi di epoche remote.

Nonostante tutto, la conclusione lascia uno spiraglio aperto sulla contemporaneità e sulle trasformazioni in corso nell'Isola, anch'essa certamente in movimento verso il futuro:

«E così cambia anche la vita del sobrio popolo sardo [...]. Ma non scomparirà mai la laboriosità e la profonda e gentile ospitalità di questo popolo: ci auguriamo anzi che tanti begli usi folcloristici sopravvivano per la gioia degli occhi e del cuore».

Al di là degli edulcorati artifici narrativi – che oggi definiamo appunto *disneyani* –, nell'osservare la Sardegna si può forse negare quella massima secondo cui ogni favola ha sempre inizio da un fondo di verità?

A conferma del fascino esercitato dalla Sardegna attraverso le sue multiformi meraviglie, lo stesso Walt Disney fece giungere nel 1951 negli Stati Uniti due piccoli rappresentanti delle preziose unicità dell'Isola: due asinelli di razza sarda. Avranno forse ispirato la creazione di alcuni dei celebri e intramontabili personaggi animali dei lungometraggi Disney?

"La Sardegna di Walt Disney", *Amerblog*, 3 settembre 2010. Link di riferimento: https://amerblog.wordpress.com/2010/09/03/la-sardegna-di-walt-disney/.

87. Il remake Disney de *La Sirenetta* girato in Sardegna

Quasi settant'anni dopo il documentario *Sardinia*, il grande studio americano Walt Disney Pictures ha scelto ancora la Sardegna per una sua pellicola. Questa volta l'Isola fa da scenario a una delle storie più amate di sempre: *La Sirenetta* (*The Little Mermaid*), tratta dalla celebre fiaba del 1837 dello scrittore danese Hans Christian Andersen. Si tratta di un remake live action (ossia con attori in carne e ossa!) dell'omonimo film d'animazione – sempre della Disney – del 1989.

Se la trama della fiaba, che nella finizione è ambientata ai Caraibi, è nota, ciò che Ariel scorge quando, trasgredendo le leggi del suo mondo sottomarino, si siede sul suo celebre scoglio, è uno scenario tutto nuovo. Lo scoglio si trova infatti nella spiaggia di Rena Majori, nel comune di Aglientu, nell'estrema punta settentrionale della Sardegna. Una striscia di sabbia bianca e soffice, acque cristalline, scogli scuri e rocce granitiche chiare a circondarla.

Siamo in Gallura, nella costa nord della Sardegna, tra il parco nazionale dell'Asinara, Golfo Aranci e l'area marina protetta di Tavolara – Punta Coda Cavallo e Castelsardo. Proprio il castello (della fine del XIII secolo) della nota roccaforte medievale, dopo aver ospitato i Doria, è la dimora di Eric, il principe protagonista della fiaba. Lo sviluppo del film è partito nel 2016, ma le riprese principali sono iniziate nel gennaio del 2021, presso i Pinewood Studios di Iver (contea di Buckinghamshire, nel Regno Unito), per poi proseguire in Sardegna durante i mesi estivi dello stesso anno. È uscito in Italia il 24 maggio 2023.

In un comunicato stampa della Disney, il regista Rob Marshall ha raccontato la scelta di registrare le scene in Sardegna: «Non volevamo solo spiagge incontaminate, ma anche uno scenario roccioso, degli scogli e un po' di drammaticità». Russen Allen, il production manager della pellicola, ha proseguito dichiarando di aver «cercato ovunque, in tutte le isole del mediterraneo, Croazia, Grecia». Poi si è scoperto che proprio in Sardegna esisteva il castello sulle rocce disegnato nella prima illustrazione realizzata in pre-produzione! Secondo John Myhre, lo scenografo: «avevamo trovato la Sardegna nei nostri sogni prima di andarci».

Per gli attori, passare da Londra alla Sardegna, è stato un piacevole cambio di scenario. Alla protagonista Halle Biley (che interpreta Ariel) la Sardegna è sembrata «la cosa più bella del mondo», mentre Javier Bardem (che interpreta Tritone) ha confessato che «girare in Sardegna è stato un sogno per tutti».

E se chi ha lavorato al film è rimasto così profondamente colpito dagli scorci unici e affatto banali della Sardegna, gli spettatori non sono certo rimasti a guardare. Secondo il sito di news britannico *Daily Mail* la ricerca "Sardegna" come destinazione di viaggio ha avuto un'impennata del 216% nel sito di prenotazione EasyJet Holidays.

Un grande successo per la Sardegna, merito anche di tante professionalità del settore del cinema, e merito della bellezza di queste zone che sono un vero e proprio patrimonio naturalistico che comprende tre parchi nazionali, quattro regionali per circa trentamila ettari, cinque aree marine protette, centoventotto siti Natura 2000.

BARNABA FRIGOLI L., "Effetto 'La Sirenetta': le ricerche 'Sardegna' fanno +216% sui siti di prenotazione viaggi", in *L'Unione Sarda.it*, 03 giugno 2023. Link di riferimento: https://www.

unionesarda.it/news-sardegna/effetto-la-sirenetta-le-ricerche-sardegna-fanno-216-sui-siti-di-prenotazione-viaggi-tzvy6knv.

GRAZIANI M.R., "'La Sirenetta', ecco perché il film è stato girato in Sardegna: il racconto di cast e crew", in *Dire*, 01 giugno 2023. Link di riferimento: https://www.dire.it/01-06-2023/917309-la-sirenetta-ecco-perche-il-film-e-stato-girato-in-sardegna-il-racconto-di-cast-e-crew/.

"La Sardegna grande protagonista de La Sirenetta", in *Cagliaripad*, 27 maggio 2023. Link di riferimento: https://www.cagliaripad.it/590586/la-sardegna-grande-protagonista-de-la-sirenetta/.

"La Sirenetta (film 2023), *Wikipedia*. Link di riferimento: https://it.wikipedia.org/wiki/La_sirenetta_(film_2023)#cite_note-16.

88. IL FAR WEST… IN SARDEGNA!

> «Vuoi diventare ricco eh?
> Allora sei arrivato nel posto adatto, se sarai furbo;
> perché qui tutti sono o molto ricchi o morti.»

Questa e altre battute iconiche tratte da *Per un pugno di dollari*, uno tra i più famosi capolavori del regista italiano Sergio Leone, sono legate indissolubilmente alla storia del cinema, e in particolare all'intramontabile epopea western.

Ma pochi sanno che per ascoltare simili battute da Far West non sarebbe stato necessario compiere un lungo viaggio tra le sabbie torride del deserto messicano, ma sarebbe stata sufficiente una comoda scampagnata… in Sardegna!

A circa 15 chilometri da Oristano, infatti, si trova il piccolo paese di San Salvatore di Sinis, che per lunghi anni è stato il set di innumerevoli produzioni cinematografiche di ambientazione western. La fisionomia del paese, con alcuni accorgimenti realizzati ad hoc – tra i quali un intero saloon, un patibolo per le impiccagioni e un pozzo –, si prestava perfettamente come scenario per il genere, e attirò le attenzioni delle più svariate case di produzione e i nomi più noti del cinema internazionale.

L'epopea del piccolo paese terminò quando i costi di trasporto dei materiali e degli spostamenti di attori e troupe divennero onerosi rispetto alla possibilità di girare le pellicole sui set della romana Cinecittà.

Da quel momento, ladri e sciacalli hanno gradualmente spogliato il paese delle strutture caratterizzanti realizzate per il cinema, e il colpo di grazia per questo luogo onirico in salsa western è giunto infine con l'incendio che ha distrutto completamente il saloon.

Tuttavia le case e le vie sono ancora lì, intatte, ad accogliere i numerosi turisti, curiosi e cultori di cinema che ogni anno si recano a visitare le ambientazioni che hanno reso immortali alcune delle indimenticabili scene dell'epopea cinematografica del Far West.

Sempre all'erta, però, con la mano costantemente sulla fondina.

Polastri M., "C'era una volta il West: a San Salvatore del Sinis in Sardegna", *Sardegna Sotterranea*, 3 gennaio 2017. Link di riferimento: http://www.sardegnasotterranea.org/cera-una-volta-il-west-a-san-salvatore-del-sinis-in-sardegna/.
"San Salvatore di Sinis", *Wikipedia*. Link di riferimento: https://it.wikipedia.org/wiki/San_Salvatore_di_Sinis.

ೞ

MUSICA

89. Un intramontabile brano dei *Beatles* composto in Sardegna

Una sfolgorante leggenda musicale come quella dei *Beatles* non ha bisogno di alcuna presentazione. Sono numerosissime le storie – più o meno vere – legate alla genesi di molti dei loro brani più celebri, narrazioni che negli anni hanno contribuito ad accrescere il mito intramontabile della band di Liverpool. Tra queste, una particolare vicenda, che ha trovato più di una conferma ufficiale nel corso degli anni, riguarda proprio la Sardegna.

L'anno è il 1968. La band era impegnata nelle sessions del *White Album*, quando Ringo Starr entrò in conflitto con Paul McCartney riguardo all'esecuzione della batteria nel celebre brano *Back in the USSR*. Il 22 luglio, dunque, Ringo decise di allontanarsi con la famiglia per staccare qualche giorno dagli impegni di registrazione, e si recò nell'Isola per una vacanza. Fu qui, durante una gita sullo yacht di Peter Sellers, che durante un pranzo venne servito al musicista un calamaro, il primo che mangiasse in vita sua (a tal proposito Starr disse «Non era male. Un po' gommoso. Sapeva di pollo»). Fu in questa occasione che il capitano della nave raccontò all'artista come i polpi vivessero sul fondo del mare, raccogliendo pietre e oggetti brillanti per costruire giardini. Quella narrazione ispirò profondamente Starr, che iniziò a scrivere il brano che sarebbe passato alla storia come *Octopus's Garden* ('Il giardino dei polpi'). George Harrison lavorò sulla canzone con Starr, e più tardi fu lui a commentare: «*Octopus's Garden* è una canzone di Ringo. È soltanto la seconda canzone che Ringo abbia mai scritto, ed è bella», aggiungendo anche: «La canzone è anche molto profonda perché è così pacifica. Suppongo che Ringo stia scrivendo canzoni cosmiche in questi ultimi tempi senza rendersene conto».

Il 26 aprile 1969 venne registrata la base strumentale, con la classica formazione dei Beatles. I cori eseguiti da McCartney

e Harrison durante l'assolo di chitarra furono sottoposti a compressori e limiters per creare un suono gorgogliato, e Harrison aggiunse il suono di alcune bolle soffiando in un bicchiere di latte usando una cannuccia.

Il brano, concepito in Sardegna, venne dunque pubblicato nell'album *Abbey Road* del 1969.

Un presunto prosieguo di questa vicenda si perde tra le nebbie della leggenda: a seguito di quel celebre viaggio nell'Isola, Ringo avrebbe raccontato a George le bellezze di Porto Cervo e della Costa Smeralda, immagini che avrebbero portato quest'ultimo a trascorrere tre settimane in terra sarda in compagnia della moglie Pattie Boyd. Anche lui avrebbe trovato ispirazione nell'Isola e nella sua inconfondibile luce, portando a termine qui la stesura di *Here comes the sun*, stilata inizialmente a casa di Eric Clapton. A questo punto, però, le vicende si intrecciano con il mito.

Tuttavia, ogni persona che ascoltando *Octopus's Garden* abbia desiderato fuggire in quell'idilliaco «piccolo rifugio sotto le onde», attraverso quest'aneddoto saprà bene dove trovarlo.

«We would be warm below the storm
In our little hideaway beneath the waves
Resting our head on the sea bed
In an octopus's garden near a cave
We would sing and dance around

Because we know we can't be found
I'd like to be under the sea
In an octopus's garden in the shade.»

«Staremmo al caldo sotto la tempesta
Nel nostro piccolo rifugio sotto le onde
Appoggiando la testa sul letto del mare
Nel giardino di un polpo vicino ad una grotta
Canteremmo e balleremmo qua e là
Sapendo di non poter essere trovati.
Vorrei essere in fondo al mare
Nel giardino di un polpo, all'ombra.»

AA.VV., *The Beatles anthology*, Rizzoli, Milano, 2000.
DM Beatle's Site: Abbey Road (*UK, 1969*), Webcitation.org.
Lewisohn M., *The Complete Beatles Recording Sessions*, London, Hamlyn, 2004.
Marks M., "Abbey Road: The Beatles In Their Own Words", in *Music by Day*, 23 agosto 2009.
Octopus's Garden, beatlesbible.com.
"Abbey Road", *The Beatles Interview Database*. URL consultato il 12 febbraio 2012.
"Octopus's Garden", *Wikipedia*. Link di riferimento: https://it.wikipedia.org/wiki/Octopus%27s_Garden.

90. *Tazenda*: dalla Sardegna ai confini dell'Universo

Un nome che in Sardegna non ha bisogno di ridondanti presentazioni è senza dubbio quello dei *Tazenda*. L'epopea musicale di questo celebre gruppo, originario dell'Isola e profondamente legato all'identità sarda, ha inizio nel 1988 grazie all'incontro di tre eccellenti artisti: Andrea Parodi, Gigi Camedda e Gino Marielli. A seguito della luttuosa scomparsa di Andrea Parodi nel 2006, è stato Beppe Dettori, artista anch'egli di immenso valore, a prendere il suo posto all'interno della band.

Cercare di etichettare il loro stile condurrà sempre a risultati riduttivi e devianti, laddove il loro percorso spazia liberamente fra il pop, il rock e la musica etnica, con l'immancabile presenza delle sonorità della tradizione sarda. Il loro *sound* è caratterizzato infatti dalla presenza di strumenti musicali tipici, come le *launeddas* e gli *organetti*, e dall'inconfondibile richiamo al canto a tenore, attraverso la perfetta simbiosi delle voci, di tre tonalità differenti: un tenore, un baritono e un basso. La lingua predominante nei loro testi, inoltre, è quella sarda, nella variante logudorese; per quanto nel tempo il gruppo abbia iniziato a lavorare su testi parzialmente o totalmente in italiano.

Il loro successo non è rimasto confinato all'interno dell'Isola, ma la loro carriera vanta la collaborazione con artisti di calibro nazionale e internazionale, quali, per citare due massimi esempi, iconici nella loro grandezza, Fabrizio De André e Sting.

Come capita spesso, nonostante un successo travolgente, l'origine del nome scelto da una band rimane sconosciuto, per quanto, come in questo caso, non sia assolutamente un mistero. Il nome *Tazenda*, infatti, è ispirato al romanzo *Seconda Fondazione* del celebre scrittore Isaac Asimov. L'opera, di genere fantascientifico, si presenta come il capitolo conclusivo della trilogia originaria del *Ciclo delle Fondazioni*, ed è stata pubblicata in italiano con il titolo *L'altra faccia della spirale*. All'interno del romanzo un ruolo fondamentale era rivestito appunto dal pianeta *Tazenda*, il cui nome deriverebbe dalla locuzione inglese *Star's End*.

Svelare ulteriori dettagli sulla natura di questo pianeta non è tuttavia possibile, o si rischierebbe di compromettere la lettura del volume a quanti volessero intraprendere questo viaggio di scoperta che, dalla Sardegna, muove sino ai confini dell'Universo!

"Ciclo delle Fondazioni", *Wikipedia*. Link di riferimento: https://it.wikipedia.org/wiki/Ciclo_delle_Fondazioni.
"Isaac Asimov", *Wikipedia*. Link di riferimento: https://it.wikipedia.org/wiki/Isaac_Asimov.

"Seconda Fondazione", *Wikipedia*. Link di riferimento: https://
it.wikipedia.org/wiki/Seconda_Fondazione.
"Tazenda", *Wikipedia*. Link di riferimento: https://it.wikipedia.
org/wiki/Tazenda.

91. Un bronzetto per il jazz di Miles Davis

Una perla estremamente rara per i più appassionati cultori musicali sardi è rappresentata dal vinile *Workin' with the Miles Davis Quintet LP*, venduto nel 1959 in Italia con una copertina alternativa rispetto all'originale americana. La versione distribuita in territorio nazionale, ideata dal rinomato designer Renzo Clerici, autore di numerose tra le più celebri copertine dei dischi italiani di quegli anni, vedeva campeggiare l'immagine del bronzetto conservato oggi presso il Museo di Antichità di Torino.

Troppo spesso, concependo certe raffigurazioni solo in un legame stretto con la cultura sarda, si tende a dimenticare il forte valore artistico e iconico in senso assoluto che incarnano. E stavolta è un classico della musica jazz internazionale a ricordarcelo.

"Miles Davis Workin' Alternate Different Cover Celson", *Popsike. com*. Link di riferimento: https://www.popsike.com/MILES-DAVIS-WORKIN-ALTERNATE-DIFFERENT-COVER-CELSON/200397278539.html.

92. *LAUNEDDAS*: TRA LE MELODIE PIÙ ANTICHE DELLA STORIA DELL'UOMO

Se la Sardegna elevasse la sua voce, questa avrebbe il tono e la musicalità inconfondibile delle *launeddas*. Per coloro che vivono nell'Isola questa è una certezza serbata nello spirito, e trasmessa nelle piazze, nelle feste e nei momenti di convivialità a chiunque prenda parte, a lungo o per il breve tempo di una vacanza, alla vita dell'Isola. Le launeddas sono uno strumento musicale a fiato policalamo ad ancia battente, costruito utilizzando diversi tipi di canne e suonato con la tecnica della respirazione circolare.

Ne esistono diversi tipi, tra i quali i principali sono: *punt'e organu, fioràssiu* e *mediana*. Da queste tipologie principali, attraverso opportune modifiche e combinazioni, hanno origine diversi sottotipi, quali *mediana a pipia, fiuda bagadia, tzampònnia, spinellu, frassetu, contrapuntu, su para e sa mòngia, morisku*, dei quali questi ultimi tre ormai in disuso.

Le origini di questo strumento affondano nella preistoria, e lo si ritrova rappresentato con estrema evidenza nel celebre bronzetto itifallico di Ittiri, databile tra il VII e il VI secolo a.C. L'arco temporale legato al suo utilizzo, con le opportune evoluzioni, giunge fino ai giorni nostri, nella vivacità di una tradizione che non mostra segni di cedimenti.

Alla luce di questi aspetti, le launeddas si presentano come uno fra gli strumenti più antichi e longevi della storia dell'Uomo.

Angioni G. et al. (a cura di Spanu G.N.), *Sonos. Strumenti della musica popolare sarda*, Ilisso e Istituto Superiore Regionale Etnografico, Nuoro, 1994.
Ass. Sonu de Canna, *Is Sonus. Costruzione e apprendimento delle launeddas*, Condaghes, Cagliari, 2008.
Fridolin A., Bentzon W., *Launeddas*, Iscandula, Cagliari, 2002.
"Launeddas", *Wikipedia*. Link di riferimento: https://it.wikipedia.org/wiki/Launeddas.

93. *Su tìmpanu*: un'arma sonica sarda

Sono stati rinvenuti in Africa gli utensili di pietra più antichi del mondo, risalenti a ben 3,3 milioni di anni fa, ovvero a circa 500.000 anni prima della stima adottata riguardo alla comparsa del genere *Homo*. Questo ritrovamento dimostra come qualche precedente specie di ominidi avesse già sviluppato l'abilità di costruire rudimentali strumenti litici in forma di armi e arnesi di pietra.

Da allora, fino a oggi, l'abilità dell'uomo nella creazione di armi, o nella trasformazione bellica di strumenti nati con finalità innocue e civili, si è espressa con una creatività che sembra non conoscere limiti.

Un caso emblematico e singolare è rappresentato dal *tìmpanu* – detto anche *scòrriu, moliaghe, òrriu, tùnchiu, tzumbu tzumbu* –, uno strumento appartenente alla tradizione musicale della Sardegna, collocabile nella categoria dei membranofoni a frizione.

Congegno fonico di forma cilindrica e dimensioni variabili, solitamente comprese tra i 20-30 centimetri di diametro e 30-40 di altezza, si compone di una cassa armonica in sugherone o in sughero gentile, sormontata da una membrana in pelle che viene fissata nella parte superiore del cilindro, e tenuta in tensione tramite un intreccio di spago o con una piccola striscia di legno di pioppo.

Nella parte interna, al centro della membrana, viene inserito uno spago intriso di pece, fissato nei punti di giuntura alla pelle da due dischetti in cuoio, atti a evitare che quest'ultima subisca lacerazioni.

Quando si fa scorrere la cordicella – opportunamente tesa – tra le dita, dalla base del cilindro verso l'esterno, la membrana vibra, producendo un suono cupo e profondo che si propaga in lontananza.

Dal momento che questo suono risulta insopportabile per alcune razze di animali, tra i quali i cavalli, in passato i sardi convertirono occasionalmente *su tìmpanu* a uso bellico: i banditi isolani cercavano in questo modo di far imbizzarrire i cavalli dei carabinieri, cercando il modo da disarcionare questi ultimi. Fu questa la ragione che spinse le autorità, verso la fine dell'Ottocento, a vietarne tassativamente l'uso.

Lo strumento, tuttavia, non ha perso la sua dimensione ludica e musicale, e ancora oggi è largamente utilizzato soprattutto nelle sfilate tradizionali e nelle manifestazioni carnevalesche.

Dore G., *Gli strumenti della musica popolare della Sardegna*, Edizioni 3T, Cagliari, 1976.

Floris F. (a cura di), *Enciclopedia della Sardegna*, Newton& Compton, Roma, 2007.

Spanu G.N. (a cura di), *Sonos: strumenti della musica popolare sarda*, Ilisso, Nuoro, 1998.

"Trimpanu", *Wikipedia*. Link di riferimento: https://it.wikipedia. org/wiki/Trimpanu.

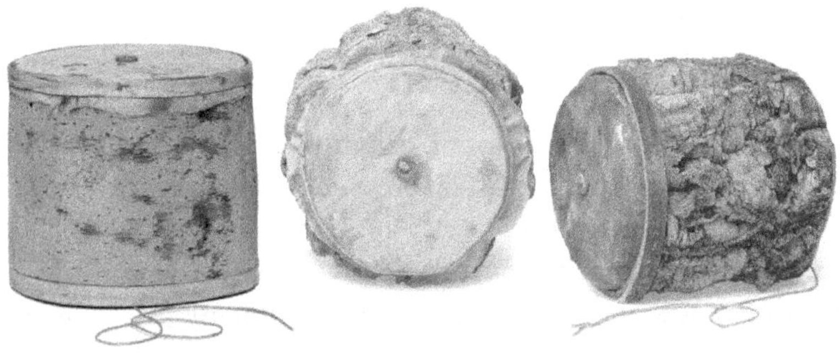

94. Il primo concerto italiano di Madonna
su un palco sardo

Una mattina del 1983, in una discoteca del Medio Campidano, sale sul palco una bionda stravagante vestita di scuro: leggins neri, sopra di essi una minigonna, una maglietta nera attillata, bracciali di pelle nera ai polsi, spille.

Prende il microfono e inizia a cantare in playback.

I ragazzi che frequentano la discoteca non l'hanno mai vista prima e non conoscono la sua canzone. Eppure…

Eccentrica, capace di attirare le critiche del pubblico e della stampa. È famosa in tutto il mondo, i suoi album hanno vinto 7 Grammy Awards, 20 MTV Video Music Awards. Ha venduto 300 milioni di dischi in tutto il mondo ed è riconosciuta dal *Guinness World Records* come l'artista solista femminile di maggior successo di tutti i tempi.

Stiamo naturalmente parlando di Madonna Louise Veronica Ciccone, Madonna, la regina del pop.

Come finì a esibirsi in una discoteca di Samassi (SU), durante una matinée, l'astro nascente del pop mondiale?

Accadde grazie a un tour musicale trasmesso in tv dalla Rai nel programma *Discoring*, che presentava gruppi musicali e artisti, sia italiani che internazionali, anche emergenti, in classifica in quel momento.

Quella fu la prima esibizione di Madonna in Italia, che cantò *Holiday*, un singolo che nel nostro paese non era ancora uscito.

Per la star mondiale non fu probabilmente, in quanto a visibilità, l'esibizione che sperava. Ma non si può dire che la Sardegna non le abbia portato fortuna!

"La prima volta di Madonna come cantante in Italia? In Sardegna", *restoalsud*, 11 agosto 2916. Link di riferimento: https://www.restoalsud.it/primo-piano/la-prima-volta-di-madonna-come-cantante-in-italia-in-sardegna/.

"Madonna (cantante)", *Wikipedia*. Link di riferimento: https://it.wikipedia.org/wiki/Madonna_(cantante).

ෙ෧෨෯

SPORT

95. *GOAL!*

«Ci sono nel calcio dei momenti che sono esclusivamente poetici: si tratta dei momenti dei *goal*», scriveva il multiforme genio di Pier Paolo Pasolini. Nel leggere queste parole, il pensiero corre subito a coloro che, infrangendo ogni record, sono riusciti a creare capolavori d'arte calcistica in pochissimi versi, folgoranti, improvvisi: è questo il caso di Gianfranco Matteoli, originario di Ovodda, indubbia leggenda calcistica della Serie A Italiana.

Il 27 novembre 1988, schierato in campo come indiscusso regista di gioco nell'Inter di Giovanni Trapattoni, con la freddezza, la precisione e la lucidità del campione realizzò un gol contro il Cesena a soli 9 secondi e 9 decimi dall'inizio della partita: un incredibile record di velocità che resterà imbattuto per cinque anni. Non solo: quel gol fu decisivo per il match, e portò dunque alla vittoria la sua squadra, in quella stagione che la vedrà conquistare per la tredicesima volta la Scudetto, lo stesso passato alla storia come lo *Scudetto dei Record*, così rinominato per via dei vari primati conseguiti dai Nerazzurri in quell'anno calcistico.

La profonda passione e le inconfondibili abilità di Gianfranco Matteoli si sono quindi impresse con ancora maggiore enfasi nel cuore della Sardegna nel lungo percorso che lo ha in seguito legato al Cagliari: ne ha infatti indossato la maglia dal 1990 al 1994, conducendo la squadra, in un'impresa carica di emozioni, fino alle semifinali di Coppa UEFA, in un'indimenticabile stagione '93-'94. Ha posto dunque la sua preziosa esperienza al servizio della Società cagliaritana, operando nella dirigenza della prima squadra dal 1998 al 2001, e in seguito come responsabile del settore giovanile fino al 2015.

La Sardegna non dimentica mai i suoi eroi: la multiforme grandezza di Gianfranco Matteoli è oggi celebrata nella *Hall of Fame* della squadra dell'Isola.

"Gianfranco Matteoli", *Wikipedia*. Link di riferimento: https://it.wikipedia.org/wiki/Gianfranco_Matteoli.

96. *S'ISTRUMPA*: UNA LOTTA MILLENARIA

S'istrumpa o *sa strumpa* è un tipo di lotta la cui peculiarità e le cui origini sono legate alla Sardegna, e che attualmente, grazie al riconoscimento del CONI (*Comitato olimpico nazionale italiano*), è diventata a pieno titolo uno sport.

Il nome deriva dal termine in lingua sarda *istrumpare*, che ha il significato di 'gettare bruscamente a terra', e la definizione è particolarmente calzante: l'obiettivo da perseguire per raggiungere la vittoria è infatti quello di proiettare al suolo il proprio avversario. Di vincolante vi sono solo le posizioni di partenza, e oltre a questo è possibile fare ricorso a qualsiasi tecnica (trazioni, spinte frontali e laterali, sollevamenti da terra, sgambetti) che permetta di far perdere l'equilibrio all'avversario. Più che la forza, dunque, a fare la differenza sono la tecnica, l'abilità e l'astuzia. La lotta viene interrotta nel momento in cui uno dei due lottatori cade al suolo.

Tale disciplina, secondo alcune teorie, affonderebbe le sue radici nei millenni. Per quanto non si possa confermare con certezza, infatti, già tra i bronzetti compare una scena di lotta con uno dei due contendenti bloccato al suolo: si tratta del celebre *bronzetto dei lottatori di Uta*, rinvenuto in località Monte Arcosu. Al di là di questo, la forte somiglianza con le più note *lotta libera* e *lotta greco-romana* lascia ipotizzare delle origini comunque assai remote.

Questa particolare disciplina si sarebbe quindi trasmessa di generazione in generazione, con il tramandarsi di tecniche, segreti e abilità, e rimanendo sempre viva nella tradizione dell'Isola. Fonti più tarde la mostrano praticata in epoca medievale durante le feste agropastorali, e allo stesso modo nei secoli successivi, fino al Novecento, durante feste campestri, cerimonie religiose, fiere di bestiame, riti collettivi agricoli e pastorali come mietitura, trebbiatura e tosatura del bestiame.

Un lungo percorso, dunque, che identificherebbe *s'istrumpa* come una delle discipline più antiche e durature della Storia dell'Uomo. Un cammino tutt'oggi ininterrotto, che prosegue inarrestabile attraverso l'orgoglio, la dedizione e la passione degli attuali atleti e praticanti.

PIRODDI C., *Sa strumpa. Archeologia vivente o post-modernità creativa? Storie, testimonianze e protagonisti di Loceri*, Alfa Editrice, Cagliari, 2012.
"Istrumpa", *Wikipedia*. Link di riferimento: https://it.wikipedia.org/wiki/Istrumpa.

97. GLI SCUDETTI D'ITALIA PIÙ A SUD

Il divario tra Nord e Sud, in Italia, riguarda da sempre numerosi aspetti e segna delle differenze piuttosto marcate dal punto di vista economico e sociale. È sufficiente guardare, per esempio, le statistiche che riguardano il lavoro, l'immigrazione, la salute. Queste differenze, inevitabilmente, coinvolgono anche lo sport. Le squadre del Nord hanno da sempre avuto accesso a maggiori fondi e finanziamenti, che derivano da maggiori disponibilità economiche. Di conseguenza, maggiore possibilità di acquistare giocatori che sono in grado di fare la differenza.

È sufficiente scorrere l'Albo d'oro del Campionato italiano di calcio per verificare a quale zona appartengono le squadre più titolate d'Italia. Gli ultimi ventuno Campionati sono stati vinti da Juventus, Inter e Milan.

Per questo, quando il Napoli dell'allenatore Spalletti, per la stagione 2022-2023, ha riportato lo scudetto al Sud, a esultare non è stata solo la Campania ma buona parte dell'Italia centro-meridionale.

Se si dice «Scudetto al Sud» allora è logico pensare immediatamente alla squadra partenopea. Eppure le coordinate geografiche ci mostrano che la squadra di calcio più a Sud ad aver vinto uno scudetto è stata il Cagliari.

Fondata nel 1920, la squadra sarda disputò il suo primo Campionato di serie A nel 1964-1965, trascinata da quello che sarebbe diventato uno dei giocatori più forti del calcio italiano e l'idolo dei sardi: Gigi Riva, arrivato in Sardegna con un iniziale scetticismo su cui presto si sarebbe ricreduto.

Trascinato dal travolgente calciatore lombardo – che oramai iniziava a sentirsi sardo – e guidato dall'allenatore Manlio Scopigno, il Cagliari conquistò il suo primo e finora unico scudetto nella stagione 1969-1970, strappando il titolo alla Juventus che lo incalzava.

Negli anni il Cagliari ha vissuto alterne vicende, retrocedendo in Serie B, l'ultima volta nella stagione 2022-2023 per essere ripromosso, dopo un anno appena, nuovamente in Seria A.

Insieme a Genoa, Bologna, Napoli e Verona, il Cagliari Calcio è tra le sole squadre italiane ad aver vinto i Campionati nazionali di prima, seconda e terza serie.

Ma la Sardegna può vantare un'altra squadra di massima serie ad aver vinto uno scudetto "più a Sud". Stiamo parlando della squadra di pallacanestro Dinamo Sassari.

La squadra sassarese affrontò il suo primo campionato nella massima serie nella stagione 2010-2011 e dopo appena quattro stagioni – nel 2014-2015 – si laureò Campione d'Italia, sotto la guida di Meo Sacchetti, battendo la Pallacanestro Reggiana. In questa stessa stagione siglò uno storico Triplete italiano: Scudetto, Coppa Italia e Supercoppa, impresa che era riuscita fino ad allora solo a Siena e Treviso.

Lo sport, si sa, è capace di abbattere ogni divario!

"Cagliari Calcio", *Wikipedia*. Link di riferimento: https://it.wikipedia.org/wiki/Cagliari_Calcio#La_Serie_A_e_la_conquista_dello_scudetto_(1964_-_1976).

"La riscossa del Centro-Sud: gli altri 'Napoli' d'Italia", in *Sky Sport*, 04 maggio 2023. Link di riferimento: https://sport.sky.it/calcio/serie-a/napoli-scudetto-squadre-sud-italia-promosse#00.

"Polisportiva Dinamo", *Wikipedia*. Link di riferimento: https://it.wikipedia.org/wiki/Polisportiva_Dinamo#2014-2015:_la_Dinamo_%C3%A8_campione_d'Italia.

98. I primati delle donne sarde nel calcio femminile

Non vediamo le loro partite trasmesse alla televisione quasi ogni giorno, quasi non conosciamo i loro nomi e nemmeno in quale squadra militano. Ci ricordiamo di loro solo quando le vediamo in Nazionale.

Il calcio femminile in Italia, sebbene negli ultimi anni siano stati compiuti dei passi in avanti, ancora risente di grandi pregiudizi. Infatti tutt'oggi, nonostante la diffusione del calcio femminile e il forte incremento delle calciatrici tesserate, e nonostante una donna su tre si dichiari appassionata di calcio, questo sport viene ritenuto decisamente più "maschile" da quasi il 40% degli italiani.

Basti pensare che la prima edizione di Campionato di calcio femminile italiano di Seria A si disputò nel 1968, ma per aspettare che venisse riconosciuto il suo carattere professionistico si è dovuta attendere la stagione 2022-2023, ben 54 anni.

Il calcio maschile mette ancora in ombra quello femminile, e non stupisce che gli stessi sardi non siano a conoscenza del fatto che nella Serie A femminile è proprio una squadra sarda a detenere il record di vittorie, ben 7.

Stiamo parlando dell'Associazione Sportiva Dilettantistica F.C. Sassari Torres Femminile, meglio nota come Sassari Torres Femminile o solamente Torres. È stata fondata nel 1980 e ha militato in Serie A dal 1990 al 2015, anno in cui è stata sciolta per essere poi rifondata, sempre nello stanno anno. Attualmente milita in Serie B, ma negli anni gloriosi della Serie A si è distinta vincendo, oltre ai 7 Campionati italiani per i quali detiene il record, anche 8 Coppe Italia e 7 Supercoppe italiane, ventidue trofei che fanno della Torres la squadra più titolata in Italia.

Questo importante primato sardo non è però l'unico nel panorama del calcio femminile italiano.

La prima donna arbitro in Italia è stata una tenace ragazza di Carloforte, Grazia Pinna. Nata a Carloforte nel 1942, e cresciuta con il mito di Gigi Riva, si trasferì a Firenze subito dopo il matrimonio. Appassionata di calcio, non mancava di sottolineare gli errori di arbitraggio commessi nell'ambito di un campionato amatoriale. Dopo le sue continue rimostranze, l'arbitro stesso sbottò: «E allora vieni tu a fare questo lavoro!». Così Grazia si iscrisse a un corso Uisp e il 18 febbraio 1979 diresse la sua prima partita. Si trattava di un campionato amatoriale perché, in quell'anno, il regolamento del calcio professionistico non ammetteva le donne in quel ruolo. Per il suo esordio, il campo era pieno di giornalisti, ma fuori di esso anche numerose femministe pronte a darle sostegno. Il suo esordio ebbe una grande eco nella stampa. Nonostante i pregiudizi, indossava la divisa, il rossetto («Non volevo travestirmi da maschio»), e rispondeva puntuale a ogni insulto o punzecchiatura, senza però sollevare gli occhi dal campo.

Una donna che ha scelto di lasciare in panchina i pregiudizi, sapendo che sono sempre degli imperdonabili autogol.

SCORRANESE R., "Grazia Pinna, la prima donna arbitro (nel calcio dilettante): «In campo rispondevo per le rime agli insulti", in *Corriere della Sera*, 29 gennaio 2021. Link di riferimento: https://www.corriere.it/cronache/21_gennaio_29/grazia-pinna-prima-donna-arbitro-nel-calcio-dilettante-in-campo-rispondevo-le-rime-insulti-27f4256a-625f-11eb-b7b0-378dab96ebfa.shtml.

"Donne e calcio, è ancora tempo di pregiudizi?", in *ANSA.it.*, 01 giugno 2023. Link di riferimento: https://www.ansa.it/canale_lifestyle/notizie/societa_diritti/2023/05/31/donne-e-calcio-e-ancora-tempo-di-pregiudizi_55946bf9-bb6b-4c64-846e-6f238d9be011.html.

"F.C. Sassari Torres Femminile", *Wikipedia*. Link di riferimento: https://it.wikipedia.org/wiki/F.C._Sassari_Torres_Femminile.

99. Amsicora: record di vittorie
nell'hockey su prato maschile

È una disciplina che in Sardegna ha un discreto successo, sia a livello maschile che femminile. E i risultati si vedono! È infatti proprio la cagliaritana Società Ginnastica Amsicora la squadra più titolata in Italia nell'hockey su prato maschile.

La società, fondata nel 1897 da un gruppo di giovani che desiderava incontrarsi per socializzare e praticare della ginnastica, sebbene con degli strumenti rudimentali, si impegnò molto per inserirsi nella vita della città, e si deve a questo gruppo coeso la costruzione di impianti sportivi allora del tutto assenti, come quello dello stadio Amsicora, nel 1923, in cui il Cagliari avrebbe vinto lo scudetto quasi cinquant'anni dopo. L'attività sportiva si svolgeva a tutto campo dando l'avvio a discipline come atletica leggera, calcio, pugilato, ciclismo.

Dopo il periodo buio del fascismo ci fu una difficile ma tenace ripresa.

È solo nel 1948 che nella società si inizia a pratica l'hockey su prato. Nel 1953 la squadra conquista il suo primo titolo di Campione d'Italia maschile, è l'inizio di una grande storia. La squadra conquisterà 24 scudetti, 5 Coppe Italia, 5 Scudetti Indoor, diventando la più premiata in Italia.

Altrettanto prestigiosi sono i riconoscimenti ottenuti dalle colleghe nell'hockey su prato femminile, sempre della Società Ginnastica Amsicora, sempre militante in Seria A: 8 scudetti, 2 Coppe Italia, 2 scudetti indoor.

"La nostra storia", *Amsicora*. Link di riferimento: https://www. amsicoracagliari.it/la-nostra-storia.

"Società Ginnastica Amsicora (hockey su prato femminile)", *Wikipedia*, Link di riferimento: https://it.wikipedia.org/wiki/ Societ%C3%A0_Ginnastica_Amsicora_(hockey_su_prato_ femminile).

"Società Ginnastica Amsicora (hockey su prato maschile)", *Wikipedia*. Link di riferimento: https://it.wikipedia.org/wiki/ Societ%C3%A0_Ginnastica_Amsicora_(hockey_su_prato_ maschile).

⚭

IMPRESE

100. Lo sconfinato arsenale
di un collezionista sardo

«Quando un uomo con la pistola incontra un uomo con il fucile, quello con la pistola è un uomo morto», recitava una celebre battuta di un film western. Ma se entrambi incontrassero Gianni Cannas, instancabile collezionista di armi originario di Siurgus Donigala, farebbero meglio a deporre tutte le cattive intenzioni!

La sua collezione privata, infatti, contiene migliaia di armi, perfettamente curate e conservate, immancabilmente originali e funzionanti, provenienti da ogni capitolo della Storia dell'Uomo, dall'antichità a oggi. Da una rarissima lama di epoca punica, fino all'universalmente noto *kalashnikov*, l'immensa collezione si snoda attraverso ogni epoca e ogni regione del pianeta, dalle più vicine alle più esotiche e remote. Si possono ammirare così, lungo lo stesso percorso, i primi esemplari di ogni dimensione e calibro delle intramontabili *Colt* e *Winchester*, icone dell'epopea del Far West, accanto a uno scettro dell'Impero Moghul con lama celata nel manico, per poi accostarsi a una sconfinata selezione di pistole, fucili e granate che videro i campi di battaglia della Prima e della Seconda guerra mondiale, per soffermarsi poi sui primi esemplari di pistole da palmo *Le Gaulois*, a suo tempo celate nelle borsette e nei cilindri della ricca Europa di fine Ottocento. Armi di ogni dimensione e forma, da un esemplare certificato di pistola più piccola al mondo a un cannone di epoca sabauda!

Una collezione raccolta nell'arco di una vita dal suo proprietario, spinto da inesauribili curiosità ed entusiasmo, e sempre attraverso duro lavoro, sudore e sacrifici. All'interno di questo percorso di dignità museale, spiccano alcuni esemplari assolutamente unici, che rendono questa una collezione da primato.

Scegliendo di procedere in ordine cronologico e concentrando l'attenzione sulla tradizione bellica della Sardegna, Gianni detiene e conserva un rarissimo esemplare di *virga sardesca*, acquistata dalla collezione privata Sanjust e ancora ammirabile nella sua antica e letale fattura. Assimilabile a una corta lancia dotata di due punte metalliche alle estremità (una più lunga nella parte frontale e una più piccola, detta *dolu*, in quella posteriore), in epoca medievale è stata l'arma che al di sopra di tutte ha contraddistinto la dimensione bellica sarda, e lo strumento che più di ogni altro è stato impiegato dalle truppe gudicali arborensi nel lungo conflitto con le armate catalano-aragonesi.

Altra arma identitaria dell'Isola, e celebrata nella sua fattura e nelle sue unicità dalle più importanti monografie sulle armi da fuoco, è la *kannetta sarda*, un lungo fucile tradizionalmente assemblato e cesellato con maestria nell'Isola. Notare bene, *assemblato*, non *costruito*, dettaglio questo che racconta una storia affascinante: per tenere sotto controllo la complessa realtà dell'Isola, gli editti sabaudi vietavano la costruzione delle armi in loco. Tuttavia, il montaggio delle parti non era vietato, e le singole sezioni meccaniche venivano quindi acquistate dalla Penisola, per poi essere assemblate da esperti armaioli, che le impreziosivano e perfezionavano con una maestria profondamente ammirata oltremare, capace di elevare ancora oggi questo fucile all'attenzione della storia internazionale delle armi da fuoco. Gianni ne conserva un esemplare assai raro e prezioso: una kannetta assemblata dal Barbuti nel 1792, finemente intarsiata in oro e argento, ma dalle dimensioni assai più ridotte rispetto al solito, laddove destinata a un fruitore molto singolare: il giovane figlio di Ferdinando d'Asburgo-Este, Arciduca d'Austria.

Sarebbe necessaria una pubblicazione apposita per raccontare tutte le curiosità e singolarità conservate nella mostra privata di Gianni, ma tra tutte, una in particolare merita uno spazio apposito, per la sua importanza tanto a livello sardo, quanto nazionale e internazionale.

Si parla infatti di un oggetto unico a livello mondiale: la pistola a quattro canne realizzata nel 1812 dall'artigiano Gaetano Broccu di Gadoni, entrata nella storia per essere stata tra le prime a sfruttare il concetto di rotazione tra più canne, laddove fino ad allora il meccanismo prevedeva ancora il colpo singolo. Il Broccu ideò e costruì in quegli anni delle armi dotate appunto di più canne, in numero da due a quattro, che ruotavano manualmente permettendo di moltiplicare la capacità di fuoco e ovviare ai tempi di ricarica. Un concetto innovativo, da non confondere tuttavia con quello successivo del *tamburo*, che verrà ideato qualche anno dopo da Samuel Colt, rivoluzionando il mondo delle armi e creando l'intramontabile pistola che porta il suo nome, simbolo della corsa all'oro americana. Vicende forse torbide e mai emerse appieno dagli abissi della storia fecero in modo che Broccu non ricevesse il giusto merito per la sua scoperta, morendo in povertà.

La collezione di Gianni Cannas entra dunque a pieno titolo e con profondo merito tra le grandi imprese compiute dai sardi. Tra le sue innumerevoli armi, un posto di rilievo merita la più preziosa e potente, che con il suo valore gli ha permesso di trovare, conquistarsi e conservare tutte le altre: la sua travolgente e inesauribile passione.

101. I PRIMATI MOZZAFIATO DI UNO STUNTMAN SARDO

In bilico su due ruote!

Le produzioni cinematografiche d'azione hollywoodiane competono tra loro al fine di mostrare agli spettatori di tutto il mondo scene di inseguimenti e acrobazie automobilistiche sempre più estreme. Ma uno dei record mondiali del settore è stato realizzato molto lontano dagli *studios* statunitensi: a Cagliari, nei parcheggi dello stadio Sant'Elia. Michele Pilia, stuntman professionista di Dolianova (provincia di Cagliari), ha percorso ben 371 chilometri sulle due ruote di una BMW 320 blu: un'acrobazia dell'incredibile durata di 815 minuti, ovvero 13 ore e 58 minuti. Una sfida che si è protratta dall'alba al tramonto, raggiungendo con successo, e su due sole ruote, la meta finale: il record mondiale!

Autista, può fermarsi? Devo scendere!

Chi non si è mai trovato a dover utilizzare un mezzo pubblico condotto da un autista più spericolato del solito, incubo di anziani e donne con passeggino?

Chissà cosa avrebbero provato questi ultimi, allora, sul pullman guidato da Michele che nel corso dell'evento *Drift Airlines Motor Show* del 2016 ha raggiunto con un mezzo tanto desueto il record mondiale di percorrenza su due ruote.

Impressioni al riguardo? Chiedetelo alle 26 persone presenti per l'occasione sul mezzo!

Guidare due auto insieme è davvero impossibile?

No, se ci si chiama Michele Pilia! Nel marzo 2016, infatti, presso l'*Autodromo Alessandro Porcu* di Sestu (provincia di Cagliari), il nostro protagonista ha condotto due auto sovrapposte per una distanza di ben 30 chilometri.

Sulle strade di tutto il mondo si trovano persone incapaci di condurre correttamente un'auto. In Sardegna c'è invece chi ne sa condurre ben due… insieme!

Murgia R., "Su due ruote per tredici ore un sardo sul tetto del mondo", *Comunecagliarinews.it*, 27 febbraio 2009.
Link di riferimento: http://www.comunecagliarinews.it/rassegnastampa.php?pagina=4448.
"Lo stuntman Michele Pinna e il pullman su due ruote entrano nel guinness", *Vistanet*, 29 maggio 2016. Link di riferimento: https://www.vistanet.it/2016/05/29/lo-stuntman-michela-pinna-pullman-due-ruote-entrano-nel-guinness/.

"Sestu, Michele Pilia lo stuntman sardo: il suo nuovo record mondiale", *Cagliari Casteddu Online*, 17 marzo 2016. Link di riferimento: http://www.castedduonline.it/sestu-michele-pilia-lo-stuntman-sardo-il-suo-nuovo-record-mondiale/.

102. Il *social wall* da Guinness dei Primati

Tra i pregiudizi legati più pervicacemente alla Sardegna, si trova quello di una pretesa arretratezza dell'Isola, che risulterebbe profondamente restia alle evoluzioni della tecnologia. Come sempre dinanzi a certi preconcetti, la realtà è ben altra.

Nel 2016, infatti, al *Maker Faire Rome – The European Edition 4.0* – il più importante spettacolo al mondo sull'innovazione, ricco di invenzioni e creatività in ambito tecnologico –, è stato presentato ai visitatori un colosso della tecnologia (nella dimensione e nei contenuti) *made in Sardinia*: un *Social Wall*, una grande parete interattiva multitouch e multiutente alta 2,5 m e lunga ben 16 m, che con applicazioni informative e ludiche di grande impatto e una multiforme varietà di attività ha coinvolto e intrattenuto il vasto pubblico. Alla luce delle sue caratteristiche, il Social Wall sardo è stato candidato a un posto nel Guinness dei Primati!

Il progetto è stato realizzato dal Programma di Ricerca *Collaborative and Social Environments* del Settore ICT-Information Society del CRS4 (Centro di Ricerca, Sviluppo e Studi Superiori in Sardegna). Contro ogni pregiudizio, quando si tratta di tecnologia, i sardi sanno operare… meglio e più in grande!

"CRS4: il Social Wall da Guinness dei Primati", *Rome Maker Faire. The European Edition*. Link di riferimento: https://2018. makerfairerome.eu/wp-content/uploads/2016/10/scheda-MFR16-CS4SOCIALWALL.pdf.
"Social wall, a Roma la parete interattiva da guinness", *La Nuova Sardegna* (Edizione Sassari), 30 settembre 2016. Link di riferimento: http://www.lanuovasardegna.it/regione/2016/09/30/news/social-wall-a-roma-la-parete-interattiva-da-guinness-1.14180250.

103. I SARDI E LA BIRRA: UN AMORE DA RECORD!

Una delle immagini più caratteristiche della Sardegna è senza dubbio quella dei piccoli bar storici dei paesi, annunciati talvolta da insegne che ovunque sarebbero considerate estremamente *vintage*, e forse persino riprodotte per dare uno stile *retrò* alle nuove attività, ma che nell'Isola campeggiano sull'ingresso dei locali sin dalla loro lontana apertura. E in questi ritrovi, è inconfondibile l'immagine degli arzilli centenari che discutono attorno a immancabili bicchieri di birra sempre ricolmi, accanto a giovani, spesso più chiassosi, che godono con brindisi biondi e schiumosi del meritato riposo dopo lunghe ore di lavoro.

Al di là di questi scenari al limite dello stereotipo, e oltre possibili generalizzazioni, è risaputo che in Sardegna il consumo del prezioso e dissetante oro liquido, la birra, sia una caratteristica diffusa e costante della vita dell'Isola.

Ora, al di là di ogni debole dubbio, sono i dati a confermarlo. Questi ultimi sono forniti da un'analisi della Coldiretti su dati ISMEA relativi al 2021 e indicano come, tra le regioni italiane, la Sardegna sia in testa nella classifica relativa ai consumi di birra annuali: 61,7 litri per abitante, quasi il doppio rispetto alla media nazionale, che non supera i 30 litri a testa! Secondo le motivazioni fornite, influirebbero ampiamente le stagioni calde più lunghe e un'alta considerazione della birra come bevanda da pasto in maniera maggiore rispetto al resto del Paese. Inoltre, la birra sarebbe la bevanda preferita delle cene fuori casa e del sabato sera, con il 39% delle preferenze e punte del 48% tra i quarantenni. Contro ogni pregiudizio di genere, inoltre, nell'Isola bevono birra 6 donne su 10.

Infine, in base ai dati Istat relativi al 2019, la Sardegna risulta seconda, dopo il Molise, nella classica delle Regioni italiane in cui la popolazione consuma più birra quotidianamente, con un dato dell'8,2%.

Uomini e donne, giovani e anziani, di ogni parte dell'Isola: insomma, un consumo plebiscitario e un record ampiamente condiviso!

"Birra, estate record | In Sardegna ne beviamo 61,7 litri anno per abitante", in *Cagliaripad*, 17 ottobre 2021. Link di riferimento: https://www.cagliaripad.it/549242/birra-estate-record-in-sardegna-ne-beviamo-617-anno-litri-per-abitante/.

"Consumo di birra in Italia", *Statistics & Data*. Link di riferimento: https://statisticsanddata.org/it/data/consumo-di-birra-in-italia/.

104. Abbuffate da record!

Chiunque sia originario della Sardegna o abbia goduto della celebre ospitalità del suo popolo, conoscerà appieno la sacralità de *su smurzu* (o *su murzu*), ovvero un tipico pasto "da tagliere" a base di formaggi, salumi accompagnati da pane tipico e vino in abbondanza.

Con quest'immagine nella mente, si potrà dunque fantasticare sulla pomposa grandezza della condivisione che sarebbe possibile alla luce di alcuni dei record gastronomici siglati nell'Isola.

Una forma di pecorino da *Guinness World Record* è stata realizzata nel 2019 nel paese di Loculi (provincia di Nuoro) in occasione della manifestazione *Primavera nel cuore della Sardegna*. Un'impresa mastodontica, compiuta dal caseificio *La Rinascita* di Onifai e da un gruppo di pastori del territorio attraverso l'utilizzo di ben 4.500 litri di latte. Il "Gigante del Cedrino" pesa 598,5 chilogrammi, ha un diametro di 65 centimetri, è alto 60 centimetri e ha 12 mesi di stagionatura. Queste sono le caratteristiche che gli hanno consentito di aggiudicarsi il titolo per il più grande formaggio del mondo di latte di pecora (*Largest block of cheese – sheep's milk*).

Su smurtzu può avere inizio!

Sarebbe però opportuno tenere ben pronto il celebre "spazietto per il dolce", misteriosa estensione dello stomaco riservata al tanto atteso dessert, inviolato persino al termine del pasto più gargantuesco. Tuttavia, questo spazietto in Sardegna perde le dimensioni del vezzeggiativo, per assumere dimensioni assai più notevoli: da record.

Nel 2018, gli studenti dell'Istituto Alberghiero "G.B. Tuveri" di Villamar, coordinati dai docenti Raffaele Altamura, Valerio Polito, Diego Palma e Carlo Campus, hanno lavorato duramente per confezionare la torta Sacher più grande del mondo: 440 chilogrammi, 140 teglie assemblate, 180 litri di glassa utilizzati. Un vero record mondiale accompagnato dalla nota generosità dei sardi: parte del dolce è infatti andato alla Caritas.

Dopo aver battuto il record con una torta della tradizione austriaca, i pasticcieri sardi non potevano non cimentarsi con un'impresa che riguarda uno dei dolci più famosi della tradizione isolana, la *seada*, a base di semola, formaggio ovino e miele.

Realizzata a Olbia nel Villaggio Coldiretti, nel giugno 2023, la *seada* da record è lunga 50,4 metri. È stata impastata con 30 kg di semola di grano duro, 5 di strutto, 30 kg di formaggio ovino ed è stata fritta, porzionata, in 30 litri di olio di olive. Tutti prodotti delle eccellenze locali. Manca solo il riconoscimento del *Guinness World Record*.

Fuori piatti, forchette e coltelli, dunque. Buon appetito!

Putzolu M., "Villamar, alberghiero da record: ecco la sacher più grande del mondo", in *L'Unione Sarda.it*, 23 febbraio 2019. Link di riferimento:
https://www.unionesarda.it/news-sardegna/medio-campidano/villamar-alberghiero-da-record-ecco-la-sacher-piu-grande-del-mondo-video-dtt0yi8a.
"È sardo il pecorino più grande al mondo", in *ANSA.it*, 20 luglio, 2020. Link di riferimento: https://www.ansa.it/canale_terraegusto/notizie/prodotti_tipici/2020/07/20/e-sardo-il-pecorino-piu-grande-del-mondo_ded6e3a9-73a9-48a0-a357-c2a52d4dd368.html.
"Un dolce sardo da record, la seada gigante di 50 metri", in *ANSA.it*, 03 giugno 2023. Link di riferimento: https://www.ansa.it/canale_terraegusto/notizie/mondo_agricolo/2023/06/03/un-dolce-sardo-da-record-la-seada-gigante-di-50-metri_2877dce4-8c61-4673-a43a-399925d6461f.html.

105. Nell'Isola i coltelli più grandi al mondo

Una celebre pubblicità recitava: «Non ci vuole un pennello grande, ma un grande pennello».

Tuttavia, talvolta, non sono le rinomate e innegabili qualità quanto le dimensioni eccezionali a prevalere nello strappare stupore e plauso generali. Così è successo ad Arbus, patria di un'antica tradizione nella lavorazione dei coltelli, con pezzi ricercati e apprezzati entro e oltre i confini dell'Isola, nel momento in cui, nel 1996, è stato presentato al pubblico il coltello più grande del mondo: un pezzo unico, da *Guinness World Record*, lungo ben 4,85 metri e dal peso di 295 chilogrammi, realizzato da Paolo Pusceddu, artigiano e fondatore del *Museo del Coltello* del suddetto paese.

Tale Guinness, tuttavia, è stato successivamente superato… da un altro sardo!

L'artigiano gallurese Gianmario Tedde ha infatti realizzato una *pattadesa* – altra tipologia di ampia fama di coltello sardo – lunga ben 5,65 metri. A lui il primato per il coltello più lungo del mondo.

Ma in questa vicenda vincono entrambi: il guinness per il coltello più pesante, infatti, è rimasto nelle mani dell'artigiano di Arbus.

Una vittoria… tagliata a metà!

"Lo sapevate? Il coltello più pesante del mondo si trova in Sardegna", *Vistanet*, 17 maggio 2018. Link di riferimento: https:// www.vistanet.it/cagliari/2018/05/17/lo-sapevate-il-coltello-piu-pesante-del-mondo-si-trova-in-sardegna/.

106. Un primato… artificiale!

Nel Barigadu, in provincia di Oristano, immerso in un paesaggio placido e verdeggiante, si estende rilucente il lago Omodeo. Non tutti ricordano però come la sua immagine, ormai ben nota e celebrata, non si sarebbe potuta ammirare prima del 1924: il lago è infatti artificiale, originato dalla realizzazione della diga Santa Chiara, presso Ula Tirso, inaugurata il 28 aprile dello stesso anno alla presenza del re Vittorio Emanuele III. Ebbe così origine a quel tempo il più grande lago artificiale d'Europa, con una capacità massima di 403 milioni di metri cubi d'acqua. Un primato tuttora detenuto dalla Sardegna, anche in seguito all'ampliamento del bacino attraverso l'erezione della nuova diga intitolata a Eleonora d'Arborea, con uno sbarramento alto 100 metri e lungo 582 metri: il volume totale dell'invaso è oggi pari a 792 milioni di metri cubi d'acqua, e copre una superficie di 29,370 chilometri quadrati.

Il bacino venne realizzato al fine di regolamentare le piene del fiume, produrre energia elettrica e favorire l'irrigazione della pianura del Campidano di Oristano. Tra i sacrifici resisi necessari, la sua creazione fu causa della sommersione di alcuni siti archeologici di notevole importanza, tra i quali nuraghi, tombe di giganti, l'insediamento prenuragico di Serra Linta e il piccolo villaggio di Zuri, successivamente riedificato su un'altura poco distante dal lago. Tra le opere di salvaguardia e salvataggio dei beni archeologici, fu in questo frangente notevole l'operazione compiuta nei confronti dell'antica chiesa di San Pietro Apostolo, la quale venne diroccata concio per concio e ricostruita lontano dalle acque.

L'origine del nome *Omodeo*? Il bacino idrico è intitolato ad Angelo Omodeo, l'ingegnere che curò la progettazione della prima diga, che risulta oggi parzialmente sommersa dalle acque del nuovo invaso.

"Lago Omodeo", *Wikipedia*. Link di riferimento: https://it.wikipedia.org/wiki/Lago_Omodeo.
"Diga Eleonora d'Arborea", *Wikipedia*. Link di riferimento: https://it.wikipedia.org/wiki/Diga_Eleonora_d%27Arborea.

107. Nacque a Cagliari la prima webmail al mondo

Leggere una mail, oggi, è un'azione veloce e banale. Possiamo scegliere di farlo da un pc, da un tablet, con l'app dei nostri cellulari. È possibile accedervi con un solo clic grazie alla *webmail*, ossia un servizio di posta elettronica con cui si possono inviare o ricevere e-mail attraverso un dispositivo collegato a Internet. Una comodità di cui oggi non potremmo più fare a meno, e allo stesso tempo un'ossessione di cui *dovremmo*, ogni tanto, fare a meno!

Ebbene, questa invenzione che ha cambiato il nostro modo di leggere e concepire la "posta" è di un ricercatore sardo, Luca Manunza. Nel 1995 lo sviluppatore del CRS4 (il Centro di ricerca, sviluppo e studi superiori in Sardegna, fondato dal premio Nobel per la fisica Carlo Rubbia) stava lavorando assieme a un team di genetica computazionale, diretto dal ricercatore Gianluca Zanetti, a un progetto che niente aveva a che fare col web. Ma lo scambio di messaggi di posta con i colleghi rendeva il lavoro più faticoso. Per leggere le e-mail era infatti necessario scaricare e installare un apposito programma sul pc. Grazie a un'intuizione di Zanetti, che desiderava risolvere questo problema pratico, Manunza mise a punto la webmail, grazie alla quale per leggere la posta è sufficiente usare un browser (ossia quei programmi che utilizziamo per navigare in internet da qualsiasi dispositivo).

Con grande umiltà e onestà il ricercatore ha dichiarato che diverse persone al mondo erano al lavoro su quel progetto, e che più o meno tutte stavano arrivando al traguardo nello stesso momento. E con altrettanta generosità, il 30 marzo di quello stesso anno, il codice sorgente della webmail venne reso disponibile a tutti gratuitamente su Usenet, una nota rete mondiale di gruppi e forum. Fu un grande successo, tanto che venne scaricato e utilizzato da aziende del calibro di Apple, New York Times e Nasa.

Luna R., "Per risolvere un problema pratico, un ricercatore a Cagliari inventa la prima webmail", in *la Repubblica, Italian Tech*, 20 febbraio 2022. Link di riferimento: https://www.repubblica.it/tecnologia/2022/02/20/news/per_risolvere_un_

problema_pratico_un_ricercatore_a_cagliari_inventa_la_prima_webmail-338455220/.

Sirigu P., "Al CRS4 nasce la prima webmail", *CRS4*. Link di riferimento: https://www.crs4.it/it/timeline/al-crs4-nasce-la-prima-webmail/.

108. Il Trenino Verde:
la linea ferroviaria turistica più lunga d'Europa

«Ci sono due modi per lasciare Cagliari diretti a nord: la ferrovia dello Stato che percorre la parte occidentale dell'isola e la linea secondaria a scartamento ridotto che penetra il centro. [...] Prenderemo la linea secondaria, ovunque essa vada.»

Con questa idea di viaggio, per il solo piacere di andare e conoscere, l'8 gennaio 1821 salirà sul treno il celebre scrittore inglese David Herbert Lawrence in compagnia di sua moglie Frieda, in Sardegna per un itinerario che in nove giorni li porterà da Mandas fino a Olbia passando per Sorgono e Nuoro. Il resoconto di questa avventura, *Mare e Sardegna* (*Sea and Sardinia*), del 1921, diventerà un caposaldo della letteratura da viaggio. Numerosi viaggiatori e scrittori si sono messi sulle tracce di Lawrence per seguire il medesimo viaggio. Da allora è passato più di un secolo, ma ripetere ancora oggi questa esperienza, muoversi su antichi mezzi in zone incontaminate, tra fitte foreste di leccio, valli, aspre montagne, anguste gallerie dopo le quali spunta, improvvisa, una vecchia stazione, su binari che scorrono tra salti e curve, lambendo siti archeologici, è possibile.

Per farlo, basta solo avere lo spirito giusto, lasciare a terra la fretta e salire su uno dei vagoni del celebre Trenino Verde, erede della linea a scartamento ridotto che oggi, con 437 chilometri, è la linea ferroviaria turistica più lunga d'Europa.

Questa "linea secondaria" nacque nel 1885 quando, dopo aver ultimato quella principale, si decise di creare dei tracciati che mettessero in collegamento le zone dell'interno, quelle agro-pastorali e minerarie, con le principali località della costa. La scelta ricadde su una ferrovia a scartamento ridotto, ossia con una minore distanza tra le rotaie, che consentisse l'uso di treni più leggeri che potessero superare agevolmente le zone montuose.

Lo scrittore siciliano Elio Vittorini, che fece un viaggio in Sardegna nel 1932, ebbe modo di osservare l'agilità di questo mezzo: «Ed eccolo il trenino col suo incredibile fischio da capraio. […] Ci viene incontro. Sbuffa. Si arrampica, ridiscende come giù per una scala, si dimena da tutte le parti e talora si ritorce come a volersi mordere la coda. Sembra corra in libertà, facendosi il binario via via».

Oggi la linea è utilizzata per un esclusivo scopo turistico ed è tutelata dalla legge italiana n. 128 del 9 agosto 2017.

Le tratte oggi percorribili, per una durata media 3-4 ore, sono cinque:
• Palau-Tempio, dal mare alla montagna attraverso la Gallura;
• Macomer-Bosa, dalle pendici del Marghine fino al mare di Bosa;
• Mandas-Laconi, il viaggio di Lawrence, attraverso il Sarcidano e la Barbagia;
• Mandas-Seui, inerpicandosi tra le montagne della Barbagia;
• Arbatax-Gairo, dal mare alla montagna, tra Ogliastra e Barbagia.

Si viaggia lentamente, dunque, mediamente a 20 km/h, con delle soste per poter godere delle bellezze che si incontrano durante il tragitto. A bordo di vecchie locomotive e carrozze a vapore o diesel, veri gioielli da preservare.

E oltre il finestrino: «Incantevole spazio intorno a un individuo, e distanze da viaggiare, nulla di finito, niente di definitivo. È come la libertà stessa».

Lawrence D.H., *Mare e Sardegna*, Ilisso, Nuoro, 2000.
Trenino verde della Sardegna. Link di riferimento: http://www.treninoverde.com/.
Vittorini E., *Sardegna come un'infanzia*, Bompiani, Torino 2014.

❧❧

NON SOLO PRIMATI POSITIVI

109. RECORD NEGATIVO DI NASCITE IN SARDEGNA

Non tutti i record purtroppo sono positivi, e tra i più sofferti e dolorosi per la Sardegna c'è quello che riguarda il tasso di natalità e il conseguente spopolamento. Secondo i dati Istat relativi all'anno 2022, la Sardegna registra il tasso di natalità più basso in Italia, pari al 4,9 per mille. La media nazionale è di 6,7 per mille residenti, mentre la provincia autonoma di Bolzano conferma il suo primato con il 9,2 per mille.

Se prendiamo invece in esame il tasso di fecondità – il numero medio di figli per donna in età feconda (15-49 anni) –, i dati peggiorano ancora. Per il terzo anno consecutivo, con un valore pari allo 0,95, la Sardegna è l'unica regione con un dato che va sotto l'unità. Del tutto opposta è invece la situazione in Trentino-Alto Adige, dove a ogni donna corrispondono, in media, 1,51 figli.

A questo si deve aggiungere anche un'età elevata delle primipare che, sebbene alta in tutto il Mezzogiorno, in Sardegna si attesta a 33,2 anni (superata solo dalla Basilicata).

Ci si interroga sui motivi di questo triste primato. Per l'anno 2021 le ragioni potevano essere attribuite alla pandemia, ma nel report che accompagna questa statistica si è più incerti su quelle che hanno spinto le coppie, nel 2022, a rinunciare ai piani di genitorialità. Ma non sempre si tratta di rinunce: un dato da tenere in considerazione è l'invecchiamento progressivo della popolazione femminile nelle età convenzionalmente considerate riproduttive (dai 15 ai 49 anni).

Al dato sul basso indice di fecondità si deve aggiungere quello relativo allo spopolamento. Sul territorio nazionale, per l'anno 2022, si è confermato un calo della popolazione residente con un valore medio del -3%. In Sardegna, Basilicata, Molise e Calabria, la percentuale ha superato il 7%.

Dei primati che la Sardegna spera di abbandonare al più presto. Perché l'isola dei centenari non vuole diventare l'isola *di soli* centenari.

"Istat: nuovo record negativo per le nascite in Sardegna", *ANSA. it* (Sardegna), 20 marzo 2023. Link di riferimento: https://www.ansa.it/sardegna/notizie/2023/03/20/istat-nuovo-record-negativo-per-le-nascite-in-sardegna_7ced6ae9-e554-4828-9a9b-4d03ce8c0c64.html.
"Natalità, Sardegna sempre maglia nera", in *TGR Sardegna*, 07 aprile 2023. Link di riferimento.
"Natalità: la Sardegna è la Regione d'Italia in cui si fanno meno figli, in media 0,95 per donna", in *L'Unione sarda.it*, 07 aprile 2023. Link di riferimento: https://www.unionesarda.it/news-sardegna/natalita-la-sardegna-e-la-regione-ditalia-in-cui-si-fanno-meno-figli-in-media-0-95-per-donna-chueekyy.

110. LA SARDEGNA E LA PROTEZIONE DELLA BIODIVERSITÀ

«La Sardegna è l'unica regione italiana senza una legge regionale di protezione della propria flora, nonostante 2.700 specie vegetali autoctone e oltre 2.000 varietà di interesse agronomico, che fanno dell'Isola la seconda regione italiana (dopo la Sicilia) per numero di specie». Questa dichiarazione di Gianluigi Bacchetta, ex direttore dell'Orto Botanico dell'Università di Cagliari, esplicita con forza e precisione una delle unicità amministrative che caratterizzano la Sardegna, assicurandole un primato negativo di cui si spera possa liberarsi quanto prima.

Il patrimonio dell'Isola ha infatti un rilievo enorme nel contesto mondiale: quelle vegetali rappresentano il 98% delle biomasse viventi del pianeta. Un'incredibile ricchezza, che necessiterebbe di tutela e valorizzazione: eppure, nonostante la prima proposta legislativa al riguardo risalga al 1973 (e l'ultima all'aprile 2022), ancora non si è riusciti ad avere una legge. Un ritardo da record?

"La Sardegna ha 2700 specie vegetali autoctone e nessuna legge regionale che le tuteli: urge una normativa sulla biodiversità", *Vistanet*, 6 aprile 20129. Link di riferimento: https://www. vistanet.it/cagliari/2019/04/06/la-sardegna-ha-2700-specie-vegetali-autoctone-e-nessuna-legge-regionale-che-le-tuteli-urge-una-normativa-sulla-biodiversita/.

"Una proposta di legge per proteggere la flora sarda", *Università degli studi di Cagliari*, 08 aprile 22. Link di riferimento: https://www.unica.it/unica/page/it/una_proposta_di_legge_per_proteggere_la_flora_sarda.

111. In Sardegna la più alta percentuale europea di servitù militari

L'isola al centro del Grande Verde, così pare venisse chiamata sul finire dell'Età del Bronzo la Sardegna, terra degli *Shardana*, navigatori e abili costruttori di nuraghi. Il nome dato all'Isola mette in evidenza la centralità della Sardegna fra i popoli del Mediterraneo. Quello che era considerato un punto di forza sembra essere diventato, dopo la Seconda guerra mondiale, un pretesto.

Tutto ebbe inizio con il Piano Marshall, quando l'Italia si impegnò a fornire agli americani delle basi e delle sedi di addestramento. Proprio per la sua centralità, la Sardegna parve il luogo ideale. Ma non per i sardi. Da allora, l'Isola è diventata nel tempo il luogo più militarizzato d'Italia e, secondo alcune ricerche, d'Europa. Al momento, infatti, sarebbero 37.374 gli ettari militarizzati, con annessa occupazione e un conseguente inquinamento aereo e delle falde acquifere.

Il 65% del demanio militare, ossia le opere permanenti per la difesa nazionale, si trova sull'Isola.

A Teulada si estendono i due poligoni militari più grandi d'Europa che occupano un'area di 134 km quadrati; nel Salto di Quirra si trova il poligono sperimentale. A questi si devono aggiungere la basi di S'Ena Ruggia, del lago Omodeo e il poligono di Capo Frasca, 1.500 ettari, a cui è collegato l'aeroporto militare di Decimomannu. Nell'isola di Santo Stefano, nell'arcipelago de

La Maddalena, si trova invece una base con deposito di munizione della NATO.

Sebbene i danni delle esercitazioni per la salute e per l'ambiente siano incalcolabili – ricordiamo che nel poligono sperimentale di Quirra sono stati lanciati missili al torio e napalm –, e nonostante 80 km delle coste siano occupati e quindi inaccessibili, si continua a parlare di benefici economici. Solo per riferirci alle ultime grandi esercitazioni NATO, *Noble Jump* e *Join Stars*, che si sono svolte in Sardegna nella primavera 2023, i generali decantavano «le straordinarie opportunità per il turismo e le lavanderie».

Un turismo insostenibile per un'*isola al centro di un grande sfruttamento*.

Bellotti D., "La lotta dei sardi contro le basi militari e i poligoni sull'Isola non si ferma", in *L'Espresso*, 26 aprile 2023.
"Esercitazioni militari, Ghirra: «Sardegna assediata, ambiente devastato. Quali sono i benefici di cui parla il governo?»", in *L'Unione Sarda.it*, 16 maggio 2023. Link di riferimento: https://www.unionesarda.it/politica/esercitazioni-militari-ghirra-sardegna-assediata-ambiente-devastato-quali-sono-i-benefici-di-cui-parla-il-governo-xeuddynt.
"Esercitazioni Nato in Sardegna, i generali: «Straordinarie opportunità per turismo e lavanderie», in *L'Unione Sarda.it*, 03 febbraio 2023. Link di riferimento: https://www.unionesarda.it/news-sardegna/esercitazioni-nato-in-sardegna-i-generali-straordinarie-opportunita-per-turismo-e-lavanderie-jfl52ohm.

In custa colletzione:

Agostino Azara et al., *a sangu e latti*

Arnaldo Affricani, *La Vega '78*

Andrea Atzori / Valeria Gentile, *Di terre e di respiri*

Antonio Ledda, *Memorie di Pendio Grande*

Arnaldo Affricani, *Morire d'invidia*

Antonio Ledda, *I tempi che cambiano*

Emanuele Garau, *Annarosa Derìos*

Claudia Zedda, *Il ricettario delle Janas*

Claudia Zedda, *S'arretzetàriu de is Janas / The Janas cookbook*

Mauro Maxia, *Santu Jorzi de Pèrfugas*

Joyce Mattu, *Su segai petza de Maracalagonis*

Alberto Vacca / Antonio Areddu, *La vergine del Supramonte.
Antonia Mesina tra mito e realtà (1919-1935)*